KB068600

처음
세계사

처음 세계사

9 전체주의와 제2차 세계 대전

초판 1쇄 발행 2016년 10월 24일
초판 3쇄 발행 2023년 1월 1일

글 초등 역사 교사 모임 그림 한동훈, 이희은
감수 서울대 뿌리 깊은 역사 나무
발행인 양원석 발행처 (주)알에이치코리아(등록 2004년 1월 15일 제2-3726호)
주소 서울시 금천구 가산디지털2로 53, 20층(한라시그마밸리)
편집 문의 02-6443-8921 도서 문의 02-6443-8800
홈페이지 rhk.co.kr 블로그 blog.naver.com/randomhouse1 포스트 post.naver.com/junior_rhk
인스타그램 @junior_rhk 페이스북 facebook.com/rhk.co.kr

ISBN 978-89-255-6017-5 (74900)
ISBN 978-89-255-2418-4 (세트)

9 전체주의와 제2차 세계 대전

처음 세계사

초등 역사 교사 모임 글 | 한동훈 · 이희은 그림

서울대 뿌리 깊은 역사 나무 감수

주니어 RHK

타임머신을 타고 떠나는 세계사 여행

세계사 속에는 아주 많은 인물과 사건이 담겨 있습니다. 그래서 어린이가 너무 복잡하고, 어렵다고 생각하여 쉽게 포기해 버릴 수도 있지요. 하지만 세계사가 꼭 복잡하고, 어렵기만 한 것은 아닙니다.

넓은 땅을 정복한 알렉산드로스 대왕의 이야기, 초원의 황제 칭기즈 칸의 이야기는 한 편의 영화 같은 흥미진진한 모험담이기도 합니다. 그뿐인가요? 우리와 가까운 이웃 나라 일본과 중국의 이야기는 친숙하고 흥미롭습니다. 조금은 먼 나라여서 낯설기도 하지만, 그만큼 신비하고 새로운 페르시아와 아프리카의 이야기도 있지요. 세상 어디에 내놓아도 자랑스러운 한글을 만든 세종대왕, 목숨을 걸고 나라를 지킨 안중근 의사의 이야기는 애국심과 감동도 느끼게 합니다.

이 모든 사람과 나라가 어우러져 만들어 낸 이야기가 바로 세계사입니다. 〈처음 세계사〉는 이 이야기를 동화처럼, 옛날이야기처럼, 영화처럼 신나고 흥미롭게 풀어서 보여 주지요. 세계사가 복잡하고, 어렵다는 생각을 잠시 내려놓고 책을 펼쳐 보세요. 세상 그 어떤 이야기보다 재미있는 이야기를 만나 볼 수 있을 거예요.

세계사는 다른 나라의 이야기가 아니라 곧 '우리'의 이야기입니다. 오늘날 우리는 하루 이틀이면 지구상의 어느 곳이든 갈 수 있는데다가, 우리가 살고 있는 지금 순간순간이 내일의 세계사가 될 테니까요.

역사는 흔히 미래를 내다보는 거울이라는 말이 있지요. 우리는 곧 더 넓은 세상으로 나가, 때로는 그들과 경쟁하며, 혹은 큰 목표를 함께 이루기도 할 것입니다. 그리고 우리가 알고 있는 역사가 교훈이 되고, 안내자가 되어 넓은 세상으로의 길을 함께해 줄 것입니다.

자, 이제 타임머신을 타고 세계사를 여행할 시간입니다. 〈처음 세계사〉를 통해 오늘날 우리의 모습과 내일을 찾아보세요!

초등 역사 교사 모임

처음 세계사

〈처음 세계사〉는 초등학교 선생님과 동화 작가 선생님이 어린이가 세계사와

친해질 수 있도록 쉽고 재미있게 풀어 쓴 세계사 이야기입니다.

재미와 정보를 주는 그림과 사진, 쏙 빠져드는 이야기로 실제 역사를 모험하듯

세계사의 전체적인 흐름을 자연스럽게 익힐 수 있습니다.

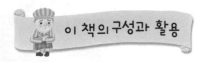
이 책의 구성과 활용

역사 속 인물이 직접 전해 주는
이야기를 통해 당시 시대적 특징을
재미있게 알아볼 수 있어요.

역사 속 사건과 유물, 인물 등을
그림과 사진으로 함께 구성하여
친절하게 설명했어요.

깊이 보는 역사 페이지를 통해
각 장의 내용을 한 번 더 정리하고,
본문에서 미처 다루지 못했던
흥미로운 이야기를 들려줍니다.

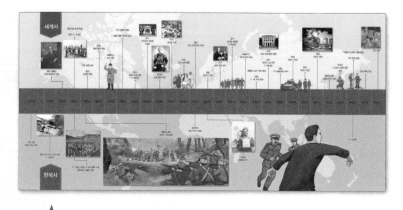

중요한 사건들을 연표를 통해
한번에 파악할 수 있어요.
각 나라와 시대를 대표하는 유물 사진과
그림을 보며 세계사의 흐름을 익혀 보세요.

차례

1장 **대공황과 전체주의의 등장**

2장 **제2차 세계 대전**

1장 대공황과 전체주의의 등장

제1차 세계 대전 이후,
유럽 각국이 잃어버린 영토

독일 ●
오스트리아-헝가리 ●
러시아 ●

영국
네덜란드
벨기에
독일
폴란드
러시아
프랑스
스위스
오스트리아
체코슬로바키아
헝가리
포르투갈
에스파냐
이탈리아
터키

나는 프랑크푸르트에 사는 율리안이라고 해. 원래 내 꿈은 화가였어. 그래서 학교가 끝나고 집에 오면 산으로 들로 그림을 그리러 다녔어. 하지만 이제 마음껏 그림을 그릴 수가 없게 되었어. 히틀러가 총통이 되면서 시민들 모두가 통제를 받게 되었거든. 함부로 돌아다닐 수도 없어. 더구나 학교까지 군대식으로 바뀌었어. 열두 살밖에 안 된 내가 군대의 규율을 따라야 하다니!

제1차 세계 대전 이후

"가까스로 전쟁이 끝나긴 했는데……. 이제 평화가 찾아오겠지요?"

제1차 세계 대전이 끝나자 독일 사람들은 일단 마음이 놓였어요. 전쟁을 일으킨 나라이긴 하지만, 독일의 피해도 만만치 않았기 때문이에요.

전쟁을 일으킨 황제 빌헬름 2세는 네덜란드로 도망가 버렸고, 독일에는 공화국이 선포되었어요. 이제는 황제가 아닌 의회가 나라를 이끌게 된 거예요.

하지만 독일 정치가 사회주의에 따라 이뤄지기를 바라는 사람들이 있었어요. 바로 로자 룩셈부르크 같은 사회주의자들이었어요. 이들은 1919년 1월에 독일 공산당을 만들었지요. 그리고 사회주의 혁명을 위해 무장봉기를 일으켰답니다.

하지만 독일 사회주의자들의 봉기는 공화국을 선포한 이들에게 진압되었어요. 그 과정에서 로자 룩셈부르크 등 여러 독일 공산당 지도자들이 죽음을 당하고 말았어요.

이 일이 있고 난 후, 독일은 바이마르에서

 사회주의

생산 수단을 개인이 아닌 국가나 사회가 가지고 개인의 이익보다는 사회 전체의 이익을 추구하자는 주장이야.

사회주의 혁명가, 로자 룩셈부르크

1871년 폴란드에서 태어나 독일에서 사회주의 운동가로 활동했다. 1919년 체포되어 처형되었다.

바이마르 국민의회가 모인
독일 국립 극장
1919년 1월 19일, 헌법을 만들
국민의회 의원을 뽑기 위해
선거가 치러졌다.
이후 바이마르 국민의회는
2월에 에베르트를 대통령으로
뽑았다.

👦 **공산당**

공산주의(모든 재산과 생산
수단을 국가 소유로 하자는
이념)를 따르는 정당이야.

👦 **무장봉기**

지배를 받는 사람들이 무기
를 들고 일어나는 시위를 말
하지.

국민의회를 열었어요. 그리고 에베르트를 대통령으로 뽑았지요. 8월에는 공화국을 지탱해 나갈 헌법도 만들었어요. 이를 바이마르 헌법이라고 불러요. 바이마르 공화국이 등장한 거예요.

"주권은 국민에게 있다!"

새 헌법은 이렇게 원칙을 정했어요. 모든 나랏일을 국민의 뜻대로 결정해야 한다는 뜻이었어요. 스무 살 이상이면 남녀 누구나 재산이 많든 적든 투표를 할 수 있게 되었지요. 대통령도 국민 투표를 거쳐 뽑도록 정해졌어요. 대통령은 한번 뽑히면 7년 동안 일을 했어요. 그리고 의회가 국가의 최고 기관이 되었어요. 당시 사람들은 바이마르 헌법이 세계에서 가장 민주적인 헌

마르크

1999년 이전까지 쓰이던 독일의 화폐 단위야.

제1차 세계 대전 후 처리를 위한 베르사유 조약

1919년 6월 28일 31개 연합국과 독일이 베르사유 궁전에서 맺은 조약이다. 주로 독일의 식민지와 배상금을 요구하는 내용이었다.

– 윌리엄 오펜 〈베르사유 강화 조약 서명식〉

법이라고 생각했지요.

하지만 그럼에도 불구하고 독일은 너무나 힘들어졌어요. 베르사유 조약을 체결한 승전국들이 엄청난 액수의 배상금을 내놓으라고 했기 때문이에요. 뿐만 아니라 독일이 가지고 있던 식민지도 빼앗아 갔지요.

"전쟁이 끝나면 뭐해! 어렵긴 마찬가지잖아. 게다가 1320억 마르크의 배상금을 연합국에 줘야 하다니!"

배상금 액수가 너무나 커서 독일은 쉽게 낼 수가 없었어요. 이 사정을 알아차린 프랑스는 벨기에와 함께 독일에서 석탄이 가장 많이 나는 루르 지방을 점령해 버렸어요.

프랑스도 전쟁 때문에 몹시 힘든 상황이었거든요. 전쟁에서 이기긴 했지만 피해가 너무나 컸어요. 독일처럼 돈의 가치가 떨어지고 물가는 상상을 초월할 정도로 올라 사람들의 고생이 이만저만이 아니었지요. 이런 어려움을 이겨 내기 위해서는 독일에게 배상금을 좀 더 많이 받아내야 했어요. 그게 뜻대로 되지 않아 독일 지역인 루르까지 점령했던 거예요.

루르를 점령한 프랑스군
독일이 1921년까지 연합국에 갚기로 한 배상금을 갚지 못하자 1923년 1월 프랑스와 벨기에는 독일의 루르를 점령했다.

하지만 독일은 이 일이 부당하다고 생각했어요.

"우리를 침략하다니, 가만있을 수 없어!"

화가 난 독일 사람들은 프랑스의 침략에 파업으로 맞섰어요. 그 탓에 독일은 더더욱 배상금을 갚기 어려운 처지가 되고 말았지요. 게다가 독일에 또다시 전쟁이 나는 것 아니냐는 걱정 때문에 독일 돈의 가치가 자꾸 떨어졌어요. 물가는 엄청나게 올랐지요. 전쟁 직후라 어떤 물건이든 귀했거든요.

 파업
- - - - - - - - - - - - - - - - - - -
하던 일을 멈추는 것을 말해.

이때 미국이 나섰어요. 미국은 국제 문제에 영향력을 가진 강대국으로 떠오르고 있었어요.

"앞으로 5년 동안 해마다 독일이 지불해야 할 금액을 줄여 주겠습니다."

사실 미국은 러시아에서 일어난 사회주의 혁명이 유럽까지 번지는 걸 막으려 했던 것이었어요.

미국은 독일에 큰돈을 빌려주기까지 했어요. 그 덕분에 독일 경제는 무너지지 않고 버틸 수 있었지요. 또한 프랑스는 루르 지방에서 철수했어요. 독일로 인해 위기에 빠졌던 유럽의 경제가 안정을 찾기 위해서는 프랑스와 독일이 서로 도와야 했거든요.

독일의 경제는 되살아나기 시작했어요. 1926년 무렵에는 공업 생산력이 전쟁 전 수준으로 회복되었지요.

프랑스도 미국의 도움으로 점차 경제적 안정을 찾아가는 듯했어요. 하지만 전쟁 직후부터 사회주의자와 자본주의자들이 서로 맹렬하게 싸우기 시작하면서 프랑스의 정치 사정은 매우 불안해지고 말았어요.

영국도 프랑스와 마찬가지로 피해가 만만치 않았어요. 전쟁 중 미국으로부터 빚을 얻어 쓴 탓에 나랏빚이 크게 늘어 있었지요. 뿐만 아니라 무역도 예전처럼 활발히 하지 못했고, 실업자가 늘면서 경제 사정이 나빠졌어요. 더구나 거느리고 있던 식민지 국가들마저 영국에서 하나둘 떨어져 나가면서, 영국은 점점 초라해져 갔어요.

하지만 미국은 유럽 나라들과 달랐어요. 전쟁 이후 많은 이익을 얻었지요. 미국은 전쟁터가 아니었기 때문에 피해가 없었거든요. 오히려 전쟁에 필요한 물자를 팔면서 전쟁 후에는 가장 부유한 나라가 되었어요.

세계의 금이 미국으로 들어왔고, 미국의 돈(달러)은

자본주의자

자본주의(개인이 소유한 재산이나 생산 수단으로 자유롭게 돈을 벌 수 있는 제도)를 인정하는 사람이야.

실업자

일을 하고 싶지만, 직업이 없는 사람을 말해.

세계 시장 어디서나 가장 값비싼 대우를 받았어요. 뿐만 아니라 미국은 전쟁 이후 10년 동안 공산품 생산이 훌쩍 늘어났어요. 공업이 엄청나게 발달한 거예요. 특히 자동차와 영화, 전기, 화학 등의 분야가 눈에 띄게 발전했어요. 이 덕분에 국제 무대에서 미국의 발언권은 자연히 커졌어요.

1920년대 미국 번영의 상징, 자동차
제1차 세계 대전 후 미국에서는 포드, 제너럴 모터스, 크라이슬러 같은 자동차 회사들이 수없이 많은 자동차를 만들어 냈다. 철강, 유리 등 관련 산업도 함께 발전했다.

　미국은 좀 더 활발하게 무역하고 더 많은 돈을 벌기 위해 가진 돈을 쏟아부었어요. 유럽 여러 나라들이 사회주의 국가가 되지 않도록 막으며 국제 질서를 지키려 애썼지요. 미국 사람들은 물론이고 세계 사람들까지도, 미국이 끊임없이 발전하리라는 것을 믿어 의심치 않았답니다. 하지만 그건 1929년 대공황이 발생하기 전까지였을 뿐이었어요.

대공황의 그림자

　1920년대, 미국의 도시 곳곳에는 하늘을 찌를 듯 높은 건물들이 세워지고 있었어요. 거리마다 즐거운 음

악 소리가 들렸고, 사람들은 매우 행복해 보였지요. 그럴 만도 했어요. 이때까지만 해도 미국은 전 세계에서 가장 부유한 나라로 발전에 발전을 거듭하고 있었으니까요.

유럽에 빌려주었던 돈이 이자와 함께 흘러들어와 또 다른 산업을 발전시켰고, 수출도 잘 되어서 미국은 끊임없이 많은 돈을 벌어들이고 있었어요. 미국의 도움으로 경제가 회복된 유럽의 나라들도 한껏 희망에 부풀어 있었어요.

마침 미국의 조종사 찰스 린드버그가 '세인트 루이스

이자

남에게 돈을 빌려 쓴 대가로 내는 돈을 말해.

미국 번영의 상징, 엠파이어스테이트 빌딩
1930년에 102층 381미터 높이로 지어졌다. 1970년까지 세계에서 가장 높은 빌딩이었다.

의 정신'이라는 작은 비행기를 몰고 혼자 대서양을 건너는 데 성공했어요. 이것을 본 사람들은 미국인들이 더 이상 못할 것이 없다는 희망에 부풀었지요.

이처럼 경기가 좋아지자 미국 사람들은 주식을 사들이기 시작했어요.

"앞집 제임스 씨는 작년 초에 주식 1백 달러어치를 샀는데, 연말에 1천 달러를 벌었대요!"

"나도 비슷한 말을 들었어요. 우리도 주식을 삽시다. 얼른!"

소문이 꼬리에 꼬리를 물었고, 결국 수많은 사람들이 앞다투어 주식을 사들였어요. 돈이 없는 사람은 은행에서 돈을 빌려 주식을 샀지요. 이자 정도는 연말에 값이 오른 주식을 팔아 갚으면 된다고 생각했어요.

그래서 주식을 사려는 사람만 있었지 팔려는 사람이 없었어요. 앞으로도 미국의 경제가 좋아질 것이라고 생각했으니까요. 미국 산업에 점점 더 많은 돈이 투자되었어요. 그 덕분에 수없이 많은 공장이 세워지고, 물건

🧑 주식
- - - - - - - - - - - - - - - - -
회사를 세우거나 확장할 때 필요한 자금을 투자자에게 얻고 발행하는 증서야.

🧑 투자
- - - - - - - - - - - - - - - - -
이익을 얻기 위해 어떤 일이나 물건에 돈이나 정성을 들이는 걸 말해.

도 더 많이 만들어졌어요.

하지만 이것이 불행을 불렀어요. 물건이 너무 많이 만들어지는 바람에 물건이 남아돌게 되었거든요. 그러자 물건 값이 떨어졌어요.

이를 눈치챈 사람들이 재빨리 주식을 팔려고 내놓았어요. 하지만 이 무렵 주식을 사고 싶어 하는 사람보다 팔고 싶어 하는 사람들이 더 많아졌어요. 그러자 주식 값도 곤두박질치기 시작했지요.

마침내 1929년 10월 24일 목요일, 미국의 주식 값이 폭락했어요. 이날 하루만 1,290만 주식이 팔렸지요. 사람들은 이날을 '검은 목요일'이라 불렀어요.

그러나 주식 값은 폭락을 멈출 줄 몰랐어요. 며칠 뒤 10월 29일 화요일에는 더 많은 주식이 팔렸어요. 주식 값이 폭락한 이후 일주일간 미국의 투자자들은 미국이 제1차 세계 대전 때 쓴 돈보다 더 큰 손해를 봤답니다.

결국 가진 돈을 모두 털어 주식을 산 사람들은 알거지가 되었고, 은행에서 돈을 빌린 사람들은 돈을 갚을 수가 없게 되었어요. 그러자 돈을 받지 못한 은행이 문을 닫았어요. 어떤 공장 주인은 하루아침에 산더미처럼 늘어난 빚 때문에 스스로 목숨을 끊기도 했지요.

기업이 무너지면서 사람들은 직업을 잃었고 소비는

폭락

물건이나 주식 값이 갑자기 크게 떨어지는 일이야.

소비

물건을 사기 위해 돈을 쓰는 일을 말해.

**문 닫은 은행 앞에 모여든
사람들**
1929년 검은 목요일 이후
미국은 큰 경제 위기에 빠졌다.
이 위기는 유럽까지도 번져
나갔다.

줄어들었어요. 지나치게 많이 재배된 농작물이 팔리지
않자 농민들도 점점 몰락해 갔지요. 이런 일은 계속되
었어요.

이때부터 약 10년 동안 미국 시민들은 끼니를 걱정
하며 살아야 하는 처지가 되고 말았어요. 이처럼 경제
가 몹시 어려웠던 상황을 대공황이라 불러요.

이 기간 동안 미국의 실업자 수는 천만 명을 넘어섰
어요. 뿐만 아니라 대공황은 미국과 경제적으로 연결
되어 있던 유럽을 비롯한 세계 여러 나라들로도 퍼져
나갔어요.

이런 시기에 프랭클린 델러노 루스벨트(22쪽)가 미국

미국 32대 대통령, 루스벨트

1933년 미국의 대통령이 되었다. 미국이 경제 대공황에서 벗어나고 제2차 세계 대전에서 이길 수 있도록 이끌었다.

👦 **뉴딜 정책**
- - - - - - - - - - - - - - - -
경제 대공황을 극복하기 위해 1933년부터 미국 정부가 추진한 정책이야.

👦 **최저 임금**
- - - - - - - - - - - - - - - -
그 이하로는 내려가면 안 되도록 정한 가장 낮은 노동 대가를 말해.

의 새 대통령이 되었어요. 루스벨트는 끔찍한 공황에서 벗어나기 위해 뉴딜 정책을 실시했어요.

"우선 정부가 당분간만이라도 나라의 경제를 강력히 통제해야겠습니다."

그렇게 선언한 루스벨트는 먼저 농업 조정법과 전국 산업 부흥법을 실시했어요. 농업 조정법은 농작물을 이전처럼 너무 많이 키우지 못하게 하고, 대신 정부에서 보상금을 주는 정책이었어요. 그럼으로써 농산물이 제값을 찾도록 하려는 것이었지요.

또한 전국 산업 부흥법은 기업들이 불공정하게 경쟁하지 못하게 막고, 국민이 물건을 살 수 있는 능력을 키우려는 정책이었어요. 테네시강 개발 같은 큰 공사를 벌여 일자리를 늘렸고, 노동자들을 보호하기 위해서 최저 임금과 노동 시간을 철저히 지키게 했지요.

이런 노력 덕분에 미국은 경제 공황에서 서서히 벗어나는 듯했어요. 하지만 무역은 활발하게 이뤄지지 못했어요. 미국과 유럽의 국가들이 서로 자기 나라의 경제를 먼저 보호하려 들었기 때문이에요. 대공황의 파도가 유럽까지 밀어닥쳤거든요.

미국은 대공황이 닥치자 독일과 오스트리아 등에 빌려주었던 돈을 급히 다시 거둬들이기 시작했어요. 그 때문에 두 나라는 경제 파탄의 지경까지 이르게 되었지요. 이 일로 유럽 전체가 술렁였어요.

뉴딜 정책으로 건설된 테네시강 댐
미국 남동부의 테네시강에 여러 댐을 세우면서 대공황을 겪는 수많은 실직자들이 직업을 얻을 수 있었다.

이탈리아나 독일, 일본과 같은 나라는 자기 나라에 닥친 경제 문제를 헤쳐 나갈 방법이 마땅히 없다고 판단했어요. 자본주의의 기반이 탄탄하지 않았고 넓은 식민지도 갖지 못했거든요. 그래서 이들 나라들은 이웃 나라를 침략해 국내 문제를 해결하려 했어요. 이런 침략 정책을 원활하게 추진하기 위해 전체주의 체제가 필요했어요.

"민족이나 국가의 이익을 위해서라면 개인의 자유를 희생할 수도 있어야 합니다."

이것이 전체주의의 기본적인 생각이었지요. 그러기 위해서는 나라가 국민 한 사람 한 사람의 생활을 제한하고 간섭해야 했어요. 이러한 전체주의는 특히 독일과 이탈리아를 거세게 사로잡았답니다.

전체주의
- - - - - - - - - - - - - - - - - - -
개인보다 사회나 국가의 중요성을 강조하는 이념이야.

전체주의, 이탈리아를 사로잡다

 소요

여러 사람들이 자신의 뜻을 표현하기 위해 떠들썩하게 들고 일어나는 일이야.

무솔리니와 그가 살던 집
무솔리니는 1883년 이탈리아 대장장이의 아들로 태어났다. 제1차 세계 대전에 참전했으며 1922년 로마 진군 이후 정권을 잡았다. 이후 독재 정치를 했다.

제1차 세계 대전이 끝났을 때, 이탈리아는 나라 사정이 매우 불안했어요. 사람들은 직업이 없어 돈을 벌기 힘들었고 먹을 것도 부족했어요. 어떤 물건이든 귀하다 보니 물건 값은 하늘 높은 줄 모르고 올랐지요. 더구나 정부는 전쟁 때 무너진 건물과 공장들을 다시 세우기 위해서 국민들에게 세금을 더 많이 내게 했어요. 그 때문에 국민들은 더더욱 살기가 어려워졌고 방방곡곡에서 소요가 일어나기도 했어요.

이탈리아는 전쟁에 이긴 나라였지만 만족할 만한 배상도 받지 못했어요. 베르사유 조약을 통해 이탈리아가 얻는 것이라고는 고작 오스트리아 제국의 일부인 보잘것없는 땅에 불과했지요. 전쟁을 시작할 때와 약속이 달라지자 이탈리아 국민들은 분노를 감추지 못했어요.

"우리 이탈리아는 전쟁 때 50만 명 이상의 병사들이 죽었고, 100만 명이 부상을 당했어요. 그런데 우리가 배상받은 건 고작 그따위 땅뿐이란 말이오?"

이 때문에 전쟁이 끝나면 생활이 조금이라도 나아지리라고 기대했던 이탈리아 사람들은 깊은 근심에 빠졌어요. 그 틈을 타서 러시아 혁명에 영향을 받은 사회주의자들이 점차 세력을 키워 나갔어요.

바로 이즈음, 한때 초등학교 선생님이었다가 혁명가가 된 무솔리니가 1919년 3월 파시 디 콤바티멘토라는 조직을 만들었어요. 무솔리니를 따르는 사람들과 제대한 군인들이 모인 모임이었지요. 이때부터 무솔리니의 추종자들은 파시스트라고 불리게 되었어요.

무솔리니는 이미 말과 글로 국민들을 사로잡고 있었어요. 한 사람보다는 국가와 민족이 우선이니 한 사람은 조국을 위해 권리도 포기해야 한다면서 말이에요.

뿐만 아니라 무솔리니는 옛 로마 제국의 위대한 영광을 되찾겠다는 꿈을 품었어요.

이런 생각은 점차 이탈리아 사람들의 마음속에 자리 잡기 시작했어요. 무솔리니를 따르는 사람도 점점 늘어갔지요.

특히 부유한 사람들이 무솔리니를 지지했어요. 왜냐하면 나라가 혼란스러운 틈에 사회주의 정부가 들어서서 자기들 재산을 빼앗아 갈까 겁이 났거든요. 그래서 넓은 땅을 가진 부자나 돈이 많은 사람들은 무솔리

파시 디 콤바티멘토
전투단, 또는 전투자 동맹이라는 뜻이지.

파시스트
파시 디 콤바티멘토 소속 당원을 말해.

**이탈리아의 왕
에마누엘레 3세**
1900년 이탈리아 왕위에
올랐으나 1차 세계 대전 이후
정권을 무솔리니가 차지했다.
제2차 세계 대전 말
무솔리니를 몰아내고 연합국에
항복했다.

계엄령

비상 상황에서 군대가 행정
권, 사법권 등을 갖도록 하는
명령이야.

니에게 돈을 주며 도와주었어요. 파시스트 세력은 사회주의자들을 공격하며 점차 힘을 얻어 갔어요.

자신감은 얻은 무솔리니는 마침내 파시스트당을 만들고, '로마 진군 계획'을 세웠어요. 1922년 10월 24일, 무솔리니는 나폴리에 모인 수많은 군중 앞에서 외쳤어요.

"우리는 반드시 정권을 차지해야 합니다. 그러기 위해서는 로마로 가야 합니다!"

10월 28일, 전국의 파시스트들이 일제히 로마를 향해 행진하기 시작했어요. 이것을 본 신하들은 국왕 에마누엘레 3세에게 엎드려 요청했어요.

"폐하! 사태가 위급하니 계엄령을 내리십시오. 군대를 불러들여 파시스트를 소탕해야 합니다."

물론 마음만 먹으면 파시스트를 물리치는 것은 어렵지 않았어요. 이들은 무기도, 음식도 부족해서 우왕좌왕하고 있었거든요. 하지만 국왕은 겁이 났어요. 군대를 불러들였다가 오히려 왕의 권력이 위험해지지 않을까 두려웠기 때문이에요.

게다가 국왕의 측근 몇 명이 파시스트였는데, 그들은 오히려 무솔리니가 이탈리아를 구원할 인물이라고 부

추겨 댔어요. 그 말을 귀담아들은 국왕은 무솔리니를
불러들였어요. 그리고 대뜸 그를 총리에 임명했지요.

기회를 잡은 무솔리니는 자신의 힘을 키워 나가기 시
작했어요.

우선 파시스트당에 유리하게 선거법을 바꿨어요. 파
시스트당은 1924년 선거에서 표를 많이 받아 정권을
잡았지요.

무솔리니는 파시스트를 비판하는 사회주의자부터 자
신의 말을 거스르는 파시스트들까지도
모두 없애 나갔어요. 신문이나 잡지,
책에도 파시스트당에 맞는 내용만
담도록 했어요.

그뿐 아니라 신문이나 잡지 등을
이용해 사람들이 무솔리니 자신을 섬기도
록 강요했어요. 무솔리니는 국민들이 자신을
우러러 보도록 외모에도 신경을 썼지요. 많
은 사람들 앞에 나타날 때면 번쩍이는 모자
를 쓰고 반듯한 군복을 입었어요. 그 덕분
에 무솔리니는 국민들에게 매우 위대하고 신
비로운 인물로 비추어졌어요. 결국 무솔리니
는 권력을 독차지하게 되었지요.

선거법
나라를 이끌 사람들을 어떻
게 투표로 뽑을지 정한 법을
말해.

모두 나를
우러러 보겠지?

군국주의

군사력을 키워 나라를 발전
시키려는 생각이야.

이런 과정을 겪으며 이탈리아는 자기 나라의 이익을 위해서라면 전쟁도 마다하지 않는 군국주의 국가로 변하고 말았답니다.

전체주의, 독일을 사로잡다

독일의 바이마르 공화국은 1924년부터 안정을 찾기 시작했어요. 발전하는 모습도 보이기 시작했지요. 그 덕분에 독일 국민들은 전쟁에서 졌다는 실망감에서 벗어나 앞으로 좀 더 행복해질 수 있겠다는 희망을 품기 시작했어요.

그러던 1929년 미국에서 시작된 대공황이 유럽에까지 영향을 미치면서 독일은 다시 휘청거렸어요. 돈을 빌려주었던 미국의 은행들이 독일을 압박했기 때문이에요.

"우리의 사정이 급해졌어요. 우리에게 빌려 간 돈을 돌려주시오."

하지만 독일은 갚을 돈이 없었어요.

문제는 그뿐만이 아니었어요. 경제가 어려워지자 공장도 다시 문을 닫고 일자리가 줄어들었어요. 물가는

히틀러의 나치당 배지
나치당은 반민주, 반공산,
반유대주의, 독일 민족
지상주의를 내세우며 1919년
결성된 당이다.

독일의 대공황
미국에서 시작된 대공황은
독일에도 영향을 미쳤다.
1931년 독일 군인들이
시민들에게 배급을 하고 있다.

하늘 높은 줄 모르고 치솟았고, 돈의 가치는 떨어졌지
요. 사람들은 다시 거리에 나앉기 시작했고, 희망을 잃
어 갔어요.

불안이 계속되자 독일 국민들은 강력한 정부와 지도
자를 원했어요. 이러한 분위기 속에서 나치당(국가 사
회주의 독일 노동자당)이 지지를 얻기 시작했어요. 나치
당은 1919년에 만들어진 이후 한동안 관심을 받지 못
하다가 히틀러의 등장 이후로 점차 많은 사람들의 호
응을 얻는 중이었어요. 실제로 대공황은 히틀러가 독일
의 지도자가 되는 결정적인 길을 열어 주었지요.

그런데 히틀러가 도대체 어떤 사람이기에 많은 독일
국민들이 쏙 빠져들었을까요? 어려서 화가를 꿈꾸었던

히틀러는 제1차 세계 대전이 일어나자 스스로 참전해 싸웠어요. 독일의 훈장인 철십자 훈장을 두 번이나 받기도 했지요. 그러나 독일이 전쟁에서 패하고 어마어마한 액수의 배상금을 물어 주게 되자 히틀러는 큰 충격에 빠졌어요. 독일인임을 무척 자랑스러워하던 히틀러는 그 상황을 억울해했지요.

히틀러는 독일을 전쟁의 혼란에 빠뜨린 바이마르 공화국 정부를 비판했어요. 권력을 잡기 위해 1923년 뮌헨에서 폭동을 일으키기까지 했어요. 하지만 실패하여 체포되고 말았지요. 이때, 히틀러는 감옥에 갇혀서 《나의 투쟁》이라는 책을 썼어요.

이후 바이마르 공화국이 안정되어 히틀러는 별로 주목을 받지 못했어요. 하지만 경제 공황이 몰아닥치자 히틀러는 모든 선전 수단을 동원해 독일 사람들의 감정을 부추겼어요.

"이 모든 혼란은 사회주의자와 유대인 때문에 생긴 겁니다."

히틀러와 나치는 점차 지지 세력을 넓혀 갔어요. 1928년에는 12석뿐이었던 의석수가 1930년에 선거가 치러졌을 때는 107석으로 늘어났어요. 중산층 시민과 농민들이 나치를 좋아했고, 전쟁과 경제 불황 때문에 가장 살기 힘들어진 가난한 사람들도 따랐어요. 또한 사회주의자들의 세력이 더 커질까 불안해하던 자본가와 지주들도 점차 나치 편을 들기 시작했어요.

그리하여 나치당은 마침내 1932년 선거에서 230석을 차지하여 다수당이 되는 데 성공했어요.

바로 이즈음, 공화국의 대통령이었던 힌덴부르크는 독일의 위기를 헤쳐 나가기 위해서 긴급 명령(32쪽)을 선포했어요.

히틀러의 생각을 담은 책, 《나의 투쟁》
히틀러 자신의 어린 시절 이야기, 반유대주의, 독일 민족 우월주의 등이 담겨 있다.

긴급 명령
- - - - - - - - - - - - - - - - - - -
나라가 위기에 빠져 보통과 다르게 나라를 이끌어야 할 때 내리는 명령이야.

수상
- - - - - - - - - - - - - - - - - - -
나라의 행정을 이끄는 최고 책임자야.

그리고 파펜을 수상으로 임명했지요. 파펜은 실업자를 줄이고 경기를 회복시키려 애썼지만 별 효과가 없었어요. 그 뒤에 수상이 된 슐라이허 역시 경제를 살리려 애썼어요.

그사이 파펜은 히틀러와 비밀 약속을 맺었어요. 히틀러가 수상이 되도록 돕는 대신 자신은 부수상이 되기로 한 거예요. 그리고 힌덴부르크 대통령에게 수상으로 히틀러를 강력히 추천했지요. 결국 슐라이허가 물러난 지 며칠 지나지 않아 1933년 1월 말, 히틀러가 수상의 자리에 오를 수 있었어요.

수상이 된 뒤, 히틀러는 가장 먼저 수상이 의회의 동의 없이도 법을 만들 수 있도록 했어요. 기어코 다른 정당은 흩어지고 나치의 1당 독재가 시작되었지요.

1934년 힌덴부르크가 세상을 떠나자 히틀러는 스스로 총통의 자리에 올라 사실상 총리와 대통령의 권한까지 차지했어요.

독일은 '히틀러의 나라'가 되었고, 모든 독일인의 운명을 히틀러가 좌지우지하게 되었어요. 영화, 신문, 잡지, 책 등은 모두 히틀러를 찬양하기 시작했어요. 히틀러는 전지전능한 지도자로 포장되었지요.

학교에서도 히틀러를 숭배했어요.

힌덴부르크와 히틀러
힌덴부르크는 제1차 세계
대전에 참전한 후 1925년
바이마르 공화국 대통령이
되었다. 1932년 다시 대통령이
되었으나 주변의 설득으로
정권을 히틀러에게 넘겼다.

"우리 독일 사람들이 옛날에는 노예처럼 생활했으나,
히틀러 총통이 우리 민족을 하나로 묶어 새로운 길로
나서게 했다. 모두 히틀러 총통에게 충성하자."

선생님들은 학생들에게 이런 내용을 가르쳤어요. 인
사조차도 '하일, 히틀러!(히틀러 만세!)'로 바뀌었지요.
뿐만 아니라 열 살부터 열여덟 살 사이의 청소년들은
히틀러 유겐트(34쪽)라는 청소년 모임에 가입했어요.
이곳에서 청소년들은 강제로 활동하고, 군대식 규율을
익혀야 했어요. 특히 국가를 위해서 충성하고 몸 바쳐
야 한다고 배웠지요.

나치당에 반대하는 여론은 히틀러가 언론과 출판을
이용해 잠재웠고, 유대인을 나라 밖으로 내쫓았어요.

나치식 경례를 하는 히틀러 유겐트
1926년 히틀러가 미래의 나치당원을 키우기 위해 만든 전국 단체이다.

이어 나치는 재산이 아주 많은 사람들과 손을 잡았어요. 그리고 경제를 나라에서 관리하게 하면서 무기 공장을 세웠지요.

"버터보다는 대포가 더 중요하다!"

나치는 이런 구호를 내세우며 절약을 강요했고, 생활필수품도 지나치게 아껴 쓰도록 했어요. 그러다 보니 독일 국민들은 자유를 마음껏 누릴 수가 없었어요. 이 때문에 나치를 비판하는 사람을 찾아내기 위해 게슈타포라 불리는 비밀경찰이 동원되었지요.

이뿐 아니었어요. 히틀러는 베르사유 조약으로 없앴

나치는 왜 유대인을 미워했을까?

사실 독일뿐만 아니라 유럽에서는 아주 오래 전부터 유대인에 대해 안 좋은 편견이 퍼져 있었어요. 대부분 기독교를 믿는 유럽 사람들은 유대교를 믿는 유대인들을 이단이라 생각했지요. 또한 유대인의 수는 적었지만 그중에 상업과 금융에서 경제적인 성공을 거둔 사람이 많아, 유럽 사람들은 유대인들을 좋지 않은 시선으로 바라보기도 했어요.

나치는 이러한 유대인에 대한 편견을 교묘하게 이용했어요. 세계적인 경제 대공황 이후 독일은 사회적 불안과 혼란에 빠졌지요. 나치는 이 문제를 정면으로 해결하기보다는 '유대인'이라는 적을 만들어 공격함으로써 독일인을 하나로 뭉치고 자신들의 세력을 키우려 했어요. 반유대주의를 강화하고 합리화시키기 위해 나치는 독일 국민들에게 생물학적으로 독일인은 우수한 민족이며, 유대인은 열등한 민족이라고 주입시켰어요. 이와 같은 나치의 계획은 이후 유대인 학살로까지 이어졌답니다.

던 징병제를 다시 살리고 군사력을 키우기 시작했어요. 밖으로는 제1차 세계 대전 직후 세계 평화를 위해 만든 국제 연맹에서 탈퇴했지요. 독일은 다시 군사 강대국이 되어 가고 있었어요.

 징병제

나라가 국민에게 강제로 군사적인 의무를 지게 하는 제도야.

대공황이 닥치자 나라마다 어떤 대책을 세웠는지 생각해 보자.

평화를 위한 세계의 노력,
국제 연맹

제1차 세계 대전이 끝나고 세계 여러 나라들은
다시는 전쟁이 일어나서는 안 된다며 뜻을 모아
1920년, 국제 연맹을 만들었어요. 국제 연맹에 가입한 국가들은
모두 똑같이 한 표의 권리를 가졌고, 만장일치를 원칙으로 했어요.
경제 봉쇄 정도는 할 수 있었으나 군사력을 동원할 수는 없었지요.
그래서인지 1930년대에 일어난 제2차 세계 대전을 제대로 막지 못했어요.
결국 제2차 세계 대전이 끝난 직후 해체되었고
그 기능을 국제 연합에 넘겨주었어요.

본부는 스위스 제네바에~

창설 초기에는 영국과 프랑스, 이탈리아와
일본이 상임 이사국이 되었어요. 연맹의
본부는 스위스의 도시 제네바에 두기로
했지요. 이 본부는 오늘날, 국제 연합의
유럽 본부로 쓰이고 있어요.

미국은 왜 가입을 안 했을까?

국제 연맹은 미국 대통령이던 우드로 윌슨의
'평화 원칙'에 의해 설립되었지만, 정작 미국은
연맹에 참여하지 못했어요. 미국의 의회가
허락하지 않았기 때문이에요.

패전국도 가입할 수 있었어

처음에는 독일과 패전 국가들, 그리고 소련도 연맹에 가입하지 못했어요. 그러나 나중에 패전국도 참여할 수 있게 되어 1926년에는 독일이 가입하기도 했어요. 가맹국 수가 가장 많았을 때는 63개국이나 되었지요.

회원국의 탈퇴

국제 연맹은 여러 곳의 분쟁을 해결하는 등 나름의 역할을 충실히 수행했어요. 하지만 세계 침략의 기회를 노리던 일본과 독일이 1933년에 연맹을 탈퇴했고, 1937년에는 이탈리아가 탈퇴했어요. 이후 국제 연맹은 제 구실을 하지 못했지요.

국제 연합으로 재탄생

제2차 세계 대전 이후에 국제 연합이 만들어졌어요. 국제 연맹의 기능 대부분을 국제 연합이 이어받게 되었답니다.

2장 제2차 세계 대전

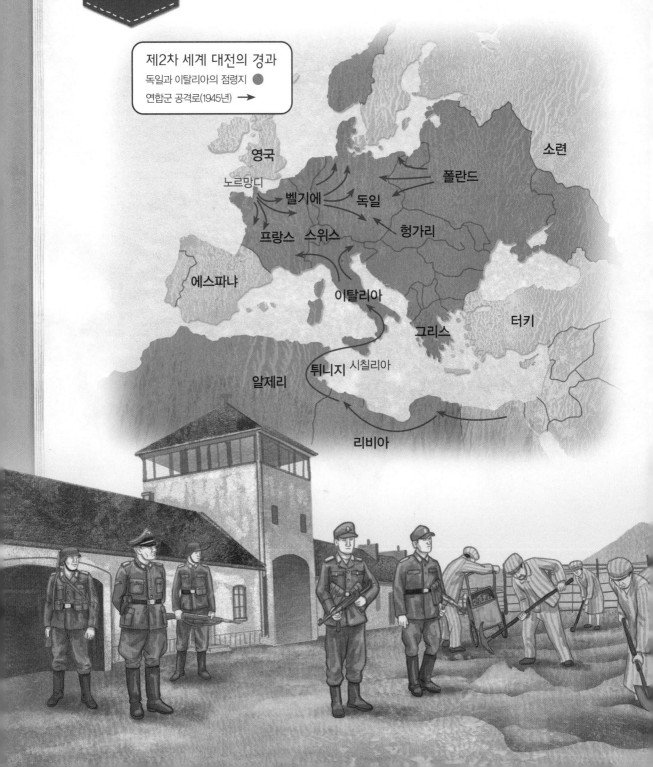

제2차 세계 대전의 경과
- 독일과 이탈리아의 점령지 ●
- 연합군 공격로(1945년) →

영국
노르망디
벨기에
프랑스 스위스
에스파냐
독일
폴란드
소련
헝가리
이탈리아
그리스
터키
알제리
튀니지 시칠리아
리비아

 이곳은 아우슈비츠 수용소야. 독일이 전쟁을 시작할 무렵 폴란드에 지었지. 내가 여기 온 지 무척 오래된 것 같은데 8개월밖에 안 되었네. 난 유대인이기 때문에 여기 잡혀 왔어. 나 말고 다른 유대인들도 마찬가지야. 여기는 정말 끔찍해. 어떤 사람들은 힘들게 일만 하다가 죽고, 어떤 사람들은 가스실로 끌려가 죽고 있어. 너무 마음이 아파. 그리고 무서워. 내가 살아 있으면 언젠가 여길 벗어날 수 있을까?

독일과 이탈리아, 손을 잡다

🦔 **총선**

의회의 의원을 전부 새로 뽑는 선거야.

1933년 11월 12일, 독일에서는 총선과 함께 국민 투표가 실시되었어요.

"독일이 국제 연맹을 탈퇴할까, 말까!"

이 문제를 두고 하는 국민 투표였어요. 이 투표에서 독일 국민의 95퍼센트가 국제 연맹에서 탈퇴하는 쪽에 찬성했어요. 베르사유 조약이 독일을 힘들게 하고 있다고 생각했기 때문이에요.

그러면서 독일은 빠르게 군사력을 키워 나갔어요. 이듬해에는 오스트리아의 나치 당원들을 움직여 오스트리아와 나라를 합치려 했어요. 또한 1935년에는 제1차 세계 대전 이후에 독일에서 떨어져 나갔던 자르 지방을 합쳤어요. 자르 지방에는 석탄과 철광이 풍부했지요. 독일은 징병제도 되살렸어요.

🦔 **자르 지방**

제1차 세계 대전 이후, 베르사유 조약에 따라 16년 동안 프랑스의 지배를 받고, 이후 국민 투표로 귀속을 결정하게 되어 있었어.

이 상황을 보는 프랑스와 영국은 걱정이 되었어요. 그래서 독일에 항의했어요.

"베르사유 조약을 잊었소? 더 이상 무기나 군대를 늘리지 마시오!"

그러자 독일은 일단 가만히 사태를 지켜보기로 했어요. 그런데 얼마 뒤 이탈리아가 에티오피아를 침략하는

에티오피아를 침공한
이탈리아 부대
50만 명의 이탈리아 군대가
최신 무기를 들고 에티오피아
로 갔다. 에티오피아 수도를
점령한 후 이탈리아 왕이
에티오피아 국왕도 맡는다고
발표했다.

일이 벌어졌어요. 이탈리아가 왜 그랬을까요?

이탈리아는 무솔리니가 권력을 잡은 이후로 대공황을 겪게 되었어요. 나랏돈이 바닥나고 실업자가 거리에 넘쳐났지요.

무솔리니는 토목 공사를 크게 벌여 실업자를 살리고 경제를 회복시키려 했어요. 하지만 자원이 너무나 부족한 거예요. 그래서 에티오피아를 침략하기로 했어요. 에티오피아에는 철과 석탄, 동과 같은 지하자원이 풍부했거든요.

1935년 10월, 무솔리니는 에티오피아를 공격했어요. 에티오피아군은 이탈리아에 맹렬하게 저항했지만 7개월에 걸친 전투 끝에 지고 말았어요.

영국과 프랑스는 이탈리아의 행동을 두고 고민에 빠

토목 공사

땅과 하천을 고쳐 만드는 공사야. 댐을 쌓고, 굴을 파거나 철도를 놓는 일 등이지.

에스파냐 군인이자 정치가, 프랑코 장군
1921년 장군이 되었고, 1936년 반정부 쿠데타를 일으켜 성공했다. 제2차 세계 대전 당시 중립을 내세웠지만, 실제로는 독일, 이탈리아를 도와주었다.

🦔 **경제 제재**
- - - - - - - - - - - - - - - -
나라 사이에 원래 오가던 물건이나 돈이 오가지 못하도록 막는 일이야.

🦔 **라인란트**
- - - - - - - - - - - - - - - -
오늘날 독일, 프랑스, 벨기에 등의 국경 지역이야. 제1차 세계 대전이 끝난 후 영국, 프랑스, 독일 등 7개 나라가 비무장 지역으로 유지하자고 약속했었지.

졌어요. 이탈리아는 이때까지 영국과 프랑스 편이었기 때문이에요. 국제 연맹은 에티오피아의 호소 때문에 이탈리아를 비난하고 경제 제재를 가했어요. 하지만 이탈리아를 막기에는 부족했어요. 오히려 이탈리아는 국제 연맹을 탈퇴했지요. 이는 독일로서는 좋은 기회였어요.

"어라? 국제 연맹이 힘을 쓰지 못하네?"

독일은 다른 나라가 어쩌지 못하는 걸 보고 군사 행동을 해도 되겠다고 생각했어요.

결국 독일은 주변 나라들이 혼란스러운 틈을 타서 1936년 라인란트 지방을 점령했어요. 베르사유 조약을 어긴 거예요. 그렇게 해서 아주 가까이에서 프랑스를 위협할 수 있게 되었지요.

이에 프랑스는 맞대응하려 했어요. 하지만, 영국 등 다른 나라들과 뜻이 맞지 않았지요. 국제 연맹은 아무런 힘도 못 썼고요.

"국제 연맹은 도대체 무얼 하고 있습니까?"

"이런 일을 해결하라고 만든 것인데, 이처럼 무능력한 줄 몰랐소."

이탈리아와 독일은 점점 친한 사이가 되어 갔어요. 그런데 1936년 7월, 이 두 나라를 더욱 친하게 엮어 준 사건이 일어났어요. 바로 에스파냐 내전이었어요.

에스파냐 역시 유럽의 다른 나라처럼 불황을 겪고 있었어요. 이 틈에 프랑코라는 장군이 반란을 일으킨 거예요. 이때 프랑코에 맞선 에스파냐 정부군은 무기를 사려 했어요. 하지만 영국과 프랑스가 무기를 팔지 않았어요. 에스파냐 내전에 간섭하지 않겠다면서요. 반면, 독일과 이탈리아는 무기와 병사를 보내며 프랑코 장군을 열심히 도왔어요. 그 덕분에 프랑코 장군은 반란에 성공했지요.

이 내전을 통해서 국제 연맹이 너무나 무능하다는 사실이 분명하게 드러났어요. 독일과 이탈리아는 더욱 자신감 있게 1936년 10월 '베를린-로마 추축'이라 불리는 동맹을 맺었지요.

"로마와 베를린을 잇는 수직선은 모든 유럽 국가들이 뭉칠 수 있는 중심축이다!"

이렇게 말하며 히틀러와 무솔리니는 손을 잡았어요. 같은 해, 일본까지 참여하여 로마-베를린-도쿄 추축이

삼국기를 건 독일의 일본 대사관
1936년 독일과 이탈리아가 동맹을 맺은 이후 일본도 동맹에 참여했다.

👐 추축
- - - - - - - - - - - - - - - - -
정치나 권력의 중심축을 말한단다.

만들어졌어요.

　이 세 나라를 중심으로 슬슬 제2차 세계 대전의 기운
이 감돌기 시작했답니다.

제2차 세계 대전이 일어나다

　'로마-베를린 추축'을 출발시킨 독일은 한껏 군사력
을 키웠어요. 1938년에는 군사력을 앞세워 오스트리아
를 강제로 독일과 합치는 데 성공했지요. 그리고 같은
해 9월에는 체코슬로바키아의 수데텐 지역을 독일에
넘겨 달라고 요구했어요. 그곳에는 독일인이 많이 살고
있었지요.

　"그건 안 되오!"

　체코슬로바키아 정부는 거부하려 했어요. 하지만 영
국과 프랑스는 유럽이 불필요한 전쟁에 빠져드는 것이
싫었어요. 그래서 독일의 요구를 들어주기로 했어요.
독일이 더 이상의 영토를 침범하지 않는다고 약속했거
든요.

　하지만 독일은 이듬해 3월 수데텐 지역은 물론, 체코
슬로바키아 전 지역을 점령해 버렸어요. 뿐만 아니라

같은 달에 리투아니아의 독일인 마을인 메멜까지 손에 넣었지요. 그러고는 눈을 돌려 폴란드에 단치히라는 항구 도시를 돌려달라고 했어요. 폴란드는 거부했지요.

이에 영국과 프랑스는 폴란드를 지지하고 나섰어요. 그리고 독일에 맞서 주변 국가들과 조약을 맺으며 세력을 키우려 했어요. 소련과도 동맹을 체결하려 했어요. 하지만 공산주의 국가인 소련과 사이가 서먹서먹했기 때문에 협상은 잘 이루어지지 않았어요. 오히려 이 틈을 노려 독일이 적극적으로 소련과 불가침 조약을 맺었지요.

"우리 독일과 소련은 상대국이 전쟁을 하게 되면 반드시 중립을 지킬 것을 약속합니다."

독일이 프랑스나 영국과 전쟁을 벌여도 소련은 상관하지 않겠다는 뜻이었지요.

아니나 다를까 독일은 독소 불가침 조약을 맺은 직후 폴란드를 침공했어요. 1939년 9월 1일 새벽이었지요. 그러자 이틀 뒤에 프랑스와 영국이 독일에 선전포고를 했어요. 제2차 세계 대전의 막이 오른 거예요.

독소 불가침 조약
독일과 소련이 서로 침략하지 않으며 상대 나라가 전쟁할 때 중립을 지키기로 하고 맺은 조약이다. 1939년 모스크바에서 맺었다.

🦔 **선전포고**

상대 나라에게 전쟁을 시작하겠다고 알리는 일을 말해.

독일군은 폴란드를 최신식 무기로 거침없이 밀어붙였어요. 하지만 폴란드는 병력과 장비가 턱없이 부족했어요. 결국 독일은 한 달 만에 폴란드를 굴복시켰지요. 그동안 영국과 프랑스는 아무런 도움도 주지 못한 채 발만 동동 굴러야 했어요.

이듬해 4월에 독일은 덴마크와 노르웨이를 차례로 공격하여 점령했어요. 네덜란드 역시 독일군의 공격에 일주일을 버티지 못하고 무너

졌지요. 벨기에도 영국과 프랑스의 도움을 받기는 했
지만, 독일군을 막을 수는 없었어요.

마침내 독일은 승리의 기세를 몰아 프랑스를 공격했
어요. 프랑스는 육군이 매우 뛰어났어요. 게다가 독일
과 맞닿은 국경에 수백 킬로미터의 요새(마지노선)를
만들어 둔 터였지요.

하지만 독일은 프랑스의 빈틈을 생각해 냈어요. 마
지노선이 없는 북쪽 아르덴고원이었지요. 그곳은 누가

🦔 **마지노선**
- - - - - - - - - - - - - - - - - -
제1차 세계 대전 후 당시 프
랑스 장관이었던 마지노가
건의해서 프랑스가 쌓은 요
새 선이야.

기갑 부대

전차(탱크) 중심으로 기계화 무기를 갖춘 부대를 말해.

영국에서 프랑스를 이끈 샤를 드골

프랑스 군인이자 정치가로 제1차 세계 대전에 참전하여 훈장을 받았으며 제2차 세계 대전에서는 프랑스 레지스탕스의 싸움을 지원했다. 전쟁 이후 대통령이 되었다.

봐도 숲이 울창해서 군대가 지나기 힘들었어요. 그런데 독일은 기갑 부대로 아르덴고원의 울창한 숲을 넘어뜨리며 프랑스로 진격한 거예요. 작전은 성공이었어요. 프랑스는 독일의 기갑 부대에 밀려 후퇴를 거듭하기에 바빴어요. 결국 프랑스의 수도 파리는 저항 없이 독일군의 손에 넘어가고 말았어요.

이때 몇몇 정치인들은 제1차 세계 대전의 영웅이었던 페탱 장군을 수상으로 세웠어요. 그리고 독일과 휴전 협상을 벌이도록 했어요. 페탱은 독일과 휴전 협정을 맺고 나치 독일과 협력했어요.

하지만 당시 육군 차관이었던 드골과 같은 사람들은 재빨리 영국으로 망명했어요. 거기에서 자유 프랑스 운동을 주도했지요.

"우리는 끝까지 독일과 싸워야 합니다. 프랑스 국민들이여, 항복하지 말고 독일과 싸웁시다."

드골은 수시로 영국 BBC 방송에 나가 프랑스에 메시지를 보냈어요. 한편으로는 프랑스 난민들을 모아 저항 활동을 벌여 나갔어요. 이에 자극받아 프랑스에서도 저항 세력(레지스탕스)이 생겨났어요.

그러나 독일은 이에 상관하지 않았어요. 독

일은 영국을 겨냥했지요. 독일은 영국이 휴전을 제안해 올 거라고 기대하고 있었어요. 하지만 독일의 생각은 빗나갔어요. 당시 영국을 이끌던 윈스턴 처칠 수상은 국민들에게 만반의 준비를 갖추라고 하며 전쟁에 대비했어요.

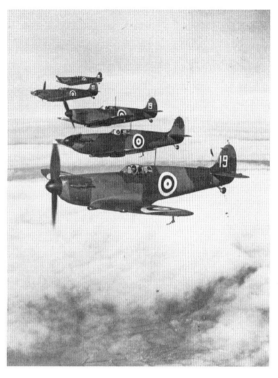

제2차 세계 대전 당시 영국 비행기
슈퍼마린 스핏파이어호는 1940년 7월부터 여러 달 동안 독일이 영국 본토를 공습할 때 독일 비행기를 제압했다.

"우리는 해변에서 싸울 것입니다. 우리는 땅 위에서도 싸우며, 논밭이나 길거리에서도 싸울 것입니다. 우리는 결코 굴복하지 않을 것입니다."

마침내 1940년 7월, 독일 공군은 날마다 영국의 수도 런던과 주요 군사 시설을 폭격하기 시작했어요. 그 때문에 런던은 시내 곳곳이 불탔고, 많은 시민이 죽거나 다쳤어요.

영국 공군도 가만히 있지만은 않았어요.

오히려 영국 공군에는 독일 비행기보다 성능 좋은 비행기가 있었지요. 조종사들의 활약도 뛰어났어요. 영국 공군은 9월 15일부터 일주일 동안 약 268대의 독일군 비행기를 격추시켰어요. 결국 독일군은 영국 공격을 일단 중단할 수밖에 없었어요.

대신 독일은 소련에 총을 겨누었어요. 소련에 있는

😀 곡창

원래 곡식 창고를 말해. 곡식
이 많이 나는 지방을 가리키
는 말이기도 하지.

😀 유전

석유가 나는 곳이야.

우크라이나의 곡창 지대와 코카서스 유전이 탐났거든
요. 그래서 꼭 정복하기로 했지요. 이때 동원된 군대만
도 약 300만 명에 달했고, 전차(탱크)는 약 3,500대에
이르렀어요.

1941년 6월 22일, 마침내 독일군이 소련의 국경을
넘었어요. 독일군은 소련 영토 깊숙이 침투했어요. 그
러고는 수십만 명의 소련군 포로를 붙잡았어요.

하지만 소련은 제대로 대응하지 못했어요. 독일군은
최신 무기로 무장했는데 소련군은 전차를 공격할 만한
무기조차 변변히 없었거든요. 독일군은 두세 달 만에
모스크바와 레닌그라드를 포위했어요. 레닌그라드에
사는 100만 명이 넘는 시민들이 식량을 공급받지 못해

스탈린그라드 전투에서
❶ 스탈린그라드 중앙을 향해
   붉은 기를 흔드는 소련군
❷ 전투 준비를 하는 소련군
❸ 스탈린그라드로 들어온
   독일군
❹ 소련군에 잡힌 독일군

굶어 죽기도 했어요.

하지만 소련은 끈질기게 항전했어요. 독일은 모스크바 공략에 실패했지요. 레닌그라드 역시 방어를 계속했어요.

1942년 9월, 마침내 소련군의 반격이 시작되었어요. 이즈음 독일군은 스탈린그라드로 들어가 다음 작전을 준비하고 있었어요. 이때 소련의 지도자 스탈린은 소련군에게 긴급한 명령을 내렸어요.

"어떤 일이 있어도 스탈린그라드를 꼭 지켜야 한다!"

소련군 총사령관, 주코프
주코프는 1918년 적군(소련 정식 군인)이 된 이후 1919년 소련 공산당에 가입했다. 제2차 세계 대전에서 소련군을 지휘했으며 이후 총사령관이 되었다.

이에 소련군은 스탈린그라드를 포위하고 독일군에 공격을 퍼부었어요. 이 싸움에서 독일군은 그들이 자랑하는 전차를 전혀 쓸 수 없었어요. 건물이 무너져 폐허가 된 상황이었기 때문이에요. 게다가 이미 전차 부대에 필요한 연료도 바닥을 보이고 있었지요. 그런 상황에서 소련군의 공격은 아주 거칠었어요.

그해 11월 주코프 장군이 이끄는 소련군은 볼가 강을 건너 스탈린그라드의 북부를 공격했어요. 그리고 또 다른 군대가 남쪽을 공격했지요. 결국 양쪽에서 공격을 받은 독일군은 꼼짝없이 갇힌 처지가 되었어요.

독일의 명장군, 롬멜
제1차 세계 대전에 참전한 이후 나치당에 가입하였다. 제2차 세계 대전에서 활약했고 교묘한 작전을 펼쳐서 '사막의 여우'라고 불렸다.

독일군 사령관 파울루스는 후퇴하기로 결정했어요. 하지만 그때 히틀러의 지시가 날아들었어요.

"절대로 스탈린그라드를 포기해서는 안 된다!"

결국 독일군은 스탈린그라드를 벗어날 수 없었어요.

전투가 계속되는 동안 소련군의 포위망이 좁혀 왔고, 전투가 치열해지자 독일군의 보급품도 바닥을 드러냈어요. 소련군이 비행장을 파괴하는 바람에 독일에서 도와주러 올 수도 없었어요.

독일군은 굶주림에 시달렸고, 매서운 추위에 동상으로 죽는 병사들마저 늘어났어요. 더 이상 싸우는 것은 불가능했어요. 하는 수 없이 파울루스는 1943년 2월, 9만 1,000여 명의 병사들과 함께 항복해야 했어요. 스탈린그라드에 들어왔던 독일군이 28만 명이었는데 3분의 1 정도만 남은 것이었지요. 그야말로 독일군의 처참한 패배였어요.

이후부터 소련군은 독일군을 추격해 남쪽으로 밀어붙였어요. 독일군은 어떻게든 버텨 보려고 했지만 소용이 없었지요.

독일군의 패전 소식은 북아프리카에서도 들려왔어요. 일찍이 독일은 '사막의 여우'라 불리던 롬멜 장군을 앞세워 북아프리카를 손에 넣었어요. 하지만 이 무렵 독일군은 영국군 사령관 몽고메리의 작전에 휘말려 전투에서 매번 지고 있었어요. 특

영국의 명장군, 몽고메리
제1차 세계 대전에 참전하였고
제2차 세계 대전 중
북아프리카에서 롬멜 부대를
이겼다. 이후 노르망디 상륙
작전을 지휘하였다.

히 몽고메리는 미국이 보내 준 신형 전차를 앞세워 롬멜 장군이 이끄는 독일-이탈리아군을 무찔렀어요.

그 덕분에 몽고메리가 이끄는 연합군은 1943년 1월에는 트리폴리, 이어 5월에는 튀니지, 또 7월에는 시칠리아에 상륙할 수 있었어요. 이즈음에 독일군과 함께 전쟁에 뛰어들었던 이탈리아군은 완전히 사기를 잃고 싸울 생각마저 하지 않았어요. 마침내 9월, 연합군은 전쟁을 일으킨 나라 중 하나인 이탈리아 본토에 이를 수 있었어요.

 # 미국의 참전

이제 연합군은 유럽 본토를 되찾기 위해 온 힘을 기

울었어요. 그 중심에는 미국이 있었어요.

영국이 처음 독일의 공격을 받았을 때, 처칠 수상은 급히 미국에게 도움을 요청했어요.

"우리에게 무기를 공급해 주시오. 그러면 우리는 이길 수 있습니다."

이전까지 미국은 직접 참전할 생각이 없었어요. 그러나 영국마저 위협을 당하게 되자 처칠의 호소를 무시할 수만은 없었지요. 그래서 미국의 루스벨트 대통령은 영국에 협조하겠다고 약속했어요. 미국 국민들도 점차 이에 동조하기 시작했어요.

미국 의회도, "대통령이 미국의 방어에 필요하다고 판단할 경우 어떤 나라에도 군수 물자를 지원할 수 있다!"고 승인하였지요. 이에 따라 미국은 항공기와 함정을 비롯해 전차와 기관총 등을 연합국에 지원하기 시작했어요.

그러다가 일본이 미국 하와이의 진주만을 공습하자 미국은 직접 전쟁에 뛰어들게 되었어요. 일본과 동맹을 맺고 있던 독일과 이탈리아는 미국에 정식으로 선전포고를 했지요.

유럽에서 시작된 전쟁은 아시아까지 휩쓸었어요. 일본은 무서운 기세로 동남아시아를 손에 넣었어요. 마치

동조
남의 주장을 따라가는 일을 말해.

공습
공중에서 습격하는 일이야.

웨이크
태평양의 괌과 하와이 사이에 있는 섬이야.

유럽에서의 독일 같았어요. 미국의 식민지였던 필리핀뿐 아니라 괌, 웨이크, 홍콩까지 손에 넣었지요.

특히 1942년 2월에는 싱가포르 요새를 공격해 8만 명에 이르는 영국-오스트레일리아-인도 연합군의 항복을 받아 냈어요. 이어 일본군은 미얀마 국경을 돌파했고 인도네시아로 진출했지요.

그러던 1943년 11월, 미국의 루스벨트, 영국의 처칠, 소련의 스탈린이 이란의 테헤란에서 만났어요. 이 회담에서 스탈린은 노르망디 상륙 작전을 주장했어요.

이윽고 1944년 6월 6일 새벽, 연합군 병사를 실은 함선들이 프랑스의 노르망디 해변에 상륙했어요. 이때까지만 해도 독일군은 연합군이 노르망디에 상륙할 것이라고는 꿈에도 생각하지 못했어요.

"연합군이 영국 쪽에서 공격해 온다면 영불 해협에서 가장 거리가 가까운 칼레 지역일 것입니다. 노르망디는 해안이 거칠고 파도가 심해서 침입이 불가능합니다."

오늘날의 진주만 해군 기지
일본은 1941년 12월 진주만의 미군을 공격했다. 당시 항구에 정박해 있던 수많은 군함과 사람들이 피해를 입었다.

노르망디

프랑스 서북부에 있는 지방으로 영국 해협과 접해 있어. '노르만의 땅'이란 뜻이지.

그 때문에 독일군의 방어는 매우 허술했어요. 연합군은 이를 틈타 재빨리 상륙에 성공할 수 있었지요. 그리고 이후부터 연합군은 프랑스 영토를 되찾기 시작했어요. 특히 미국의 패튼 장군이 이끄는 전차 부대는 남쪽으로, 몽고메리의 군대는 북쪽을 휘저으며 독일군을 무찔러 나갔어요. 그리고 마침내 미국 아이젠하워의 군대는 파리를 포위했지요. 이때 히틀러는 독일군 병사들에게 명령을 내렸어요.

"파리의 모든 시설을 파괴하고 파리를 고이 넘겨주지 말아라!"

하지만 파리를 지키고 있던 독일의 콜티츠 장군은 히틀러의 명령을 따르지 않았어요. 오히려 프랑스 저항군과 휴전 협정을 맺었어요.

마침내 8월 24일 드골의 군대와 연합군이 파리를 되찾았어요. 파리 시민들은 뜨겁게 환영했지요. 다음 날에는 드골 장군도 파리에 도착했어요. 그는 도보로 행진한 뒤에 노트르담 대성당에서 감사의 미사를 올렸어요.

8월 말에는 몽고메리가 이끄는 연합군이 벨기에로 갔어요. 9월 중순에는 벨기에 전 지역을 되찾았지요. 그리고 곧바로 네덜란드로 향했어요.

연합군을 이끈 아이젠하워
제2차 세계 대전 중 유럽 연합군 총사령관이었으며 전쟁 이후 제34대 미국 대통령이 되었다.

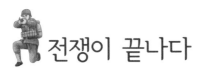 전쟁이 끝나다

연합군이 시칠리아에 상륙했을 때, 무솔리니가 이끌고 있던 파시스트 정권은 힘이 약해지고 있었어요. 무솔리니는 결국 1945년 4월 저항 운동을 벌이던 게릴라들에게 체포되어 죽임 당하고 말았지요.

히틀러도 독일의 최후를 두려워하기 시작했어요. 연합군이 사방에서 독일을 향해 진격해 오고 있었으니까요. 히틀러는 어떻게든 전세를 바꾸고 싶었어요. 그래서 경험이 많은 룬트슈테트 장군을 독일군 총사령관으로 임명했어요.

룬트슈테트는 1944년 12월, 아이젠하워의 연합군을 막아 내기 위해 전차 부대를 아르덴 서쪽으로 보냈어요. 전차의 공격 앞에 아이젠하워 장군도 매우 힘겨워했어요. 하지만 최후의 승자는 연합군이었어요. 이렇게 연합군은 벌지 전투라 불리는 독일군의 대반격마저 물리치고 독일 국경을 향해 나아갔어요.

그러자 마음이 급해진 히틀러는, "16세부터 60세까지의 독일 남자를 무조건 군사로 동원하라!"는 명령을 내렸어요. 그리고 연합군이 독일 국경을 넘어서자 '네로의 명령'을 모든 군에 내렸어요.

벌지 전투
영어로 주머니란 뜻인데, 독일 공격으로 전선(전투 경계선)이 돌출된 모양 때문에 붙은 이름이야.

"연합군과 싸우다가 부득이 철수할 때에는 모든 교통망과 통신망, 보급망을 파괴하라!"

그러나 연합군은 독일군의 방해를 물리치고 1945년 3월, 라인 강(스위스, 오스트리아, 독일 등을 지나며 흐르는 중부 유럽의 강)을 건넜어요.

제2차 세계 대전 후 처리를 위한 얄타 회담
1945년 소련의 얄타에서 전승국 대표가 모여 패전국에 대한 처리, 국제 연합 창설에 대해 의논했다. 앞줄 맨 왼쪽부터 영국의 처칠, 미국의 루스벨트, 소련의 스탈린이다.

그리고 4월 12일에는 엘베 강까지 다다랐어요.

이때쯤 동부 전선에서는 소련군이 독일군을 끊임없이 몰아붙이고 있었어요. 1944년 말에 소련군은 우크라이나와 크림 지역을 완전히 되찾았지요. 독일군은 폴란드에서 소련군에게 있는 힘껏 저항했지만, 오래가지는 못했어요. 소련군은 1945년 2월 헝가리의 부다페스트까지 점령하고 독일 국경을 향해 다가왔어요.

이젠 연합군과 소련군이 베를린을 차지하기 직전이었지요. 1945년 2월 4일 소련의 얄타에서 회담이 열렸어요(얄타 회담). 미국의 루스벨트와 영국의 처칠, 그리고 소련의 스탈린이 모였지요. 이 회담에서 독일군을 무장 해제시키고 미국과 영국, 소련과 프랑스가 독일

🧒 **무장 해제**

항복한 군인이나 포로의 무기를 빼앗는 일을 말해.

영토를 나누어 다스리기로 결정이 내려졌어요.

이윽고 1945년 4월 25일, 연합군과 소련군이 엘베 강의 상류인 토르가우의 다리 위에서 만났어요. 베를린과 멀지 않은 곳이었어요. 연합군은 서쪽으로부터, 소련군은 동쪽으로부터 독일군과 싸우며 온 것이었지요. 양쪽 병사들은 승리를 축하했어요. 그리고 함께 평화를 지키자고 맹세했지요. 이를 엘베의 맹세라고 해요.

이후, 아이젠하워가 이끄는 연합군 병사들은 베를린을 얼마 앞두고 기다렸어요. 그동안 소련이 먼저 베를린에 들어갔지요. 이때 히틀러는 괴벨스와 보르만, 그리고 애인 에바와 함께 총통 관저 지하실에 피신해 있었어요. 히틀러는 이미 건강 상태가 매우 나빠져 있었어요. 그래도 계속 고집을 부렸지요.

"베를린이 함락되더라도 싸워야 한다. 정부를 남쪽으로 옮겨서라도!"

하지만 히틀러는 베를린 함락이 눈앞에 닥쳤다

관저

높은 관리들이 살도록 마련된 집이야.

우리가 이겼어! 이제 우리 평화를 지키자!

는 사실을 알아차렸고 포기할 수밖에 없었어요. 히틀러는 유서를 쓴 뒤, 후계자로 되니츠 제독을 임명했어요.

하지만 제독은 아무것도 할 수 없었어요. 소련군이 베를린에 들어오면서 치열한 전투가 벌어졌고 베를린의 전기와 가스도 이미 소련군에 의해 모두 끊긴 뒤였거든요. 독일군 40만 명이 버티고 있었지만, 더 이상 독일이 다시 살아날 가능성은 없어 보였어요.

이즈음 이탈리아에서 무솔리니가 처형되어 광장에 거꾸로 매달렸다는 소식이 들려왔어요. 결국 4월 30일, 히틀러는 스스로 목숨을 끊고 말았어요.

히틀러의 후계자, 되니츠 제독
제1차 세계 대전과 제2차 세계 대전에서 잠수함 부대를 이끌었다.
히틀러가 죽고 뒤를 이었으나 전쟁이 끝나자 전쟁 범죄자로 판결받고 10년 동안 감옥에 갇혀 있었다.

다음 날인 5월 1일, 함부르크 방송은 히틀러가 사망했다고 발표했어요. 이튿날에는 베를린을 지키던 독일군이 소련군에 항복했지요. 이후 각 지역의 독일군이 차례로 연합군에 항복해 왔어요. 5월 7일에는 독일의 요들 장군이 아이젠하워 장군에게 무조건 항복한다는 내용의 문서에 서명했지요.

이로써 유럽의 제2차 세계 대전은 막을 내렸고, 일본이 항복한 8월에는 드디어 제2차 세계 대전이 전부 끝났어요.

히틀러의 죽음
1945년 5월 2일 미국의 신문에 실린 히틀러의 죽음에 대한 기사이다. 히틀러는 패전이 확실해지자 57세의 나이로 스스로 목숨을 끊었다.

제2차 세계 대전이 가지고 온 피해는 어마어마했어요. 영국에서만 42만 명이 넘는 사람들이 목숨을 잃었고, 소련에서는 무려 약 3천만 명이 죽었어요. 전쟁을 일으킨 독일도 약 300만 명의 병사들이 죽음을 맞이했고요. 학살당한 유대인의 숫자만 600만 명이 넘었지요.

그 외에도 제1차 세계 대전 당시보다 훨씬 더 많은 건축물과 문명이 파괴되었어요. 전쟁이 계속되는 동안 각 나라의 시민들이 겪은 고통은 말로 다 할 수가 없었지요. 이 전쟁으로 세계는 파괴된 문명을 다시 세우고

파리를 지킨 독일 장군

오늘날의 파리에는 에펠탑, 개선문 등 여러 가지 문화유산이 남아 있어요. 세계 여러 나라 사람들이 꼭 들러 보고 싶어 하는 곳이지요. 하마터면 오늘날 이 도시 유물을 볼 수 없을 뻔했다는 사실을 아나요? 제2차 세계 대전이 끝나 갈 무렵, 히틀러는 파리에 가 있는 부하 콜티츠 장군에게 연합국이 파리를 온전한 모습으로 되찾을 수 없도록 불태우라는 명령을 내렸어요. 콜티츠 장군은 히틀러의 명령이라면 어떤 것이라도 지키는 사람이었지만 파리를 파괴하라는 명령만은 지킬 수 없었어요. 결국 콜티츠 장군은 파리를 고이 지킨 채 파리에 온 연합군에게 항복했지요. 덕분에 파리는 수백, 수천 년 전의 유물을 간직할 수 있게 되었답니다.

다시 한번 새로운 질서를 만들어 가야 했어요.

　다행히 추축국들이 지배하고 있던 나라들은 해방을
맞이했어요. 전쟁에 지친 사람들은 평화를 열망했어요.

제2차 세계 대전이
일어난 원인이
뭘까?

아우슈비츠 수용소가
보여 주는 전쟁의 비극

전쟁이 얼마나 잔인한지 느끼게 해 주는 가슴 아픈 사건이 있어요.
바로 제2차 세계 대전 중 독일이 저지른 홀로코스트, 즉 유대인 학살이에요.
히틀러를 따르는 나치의 계획 하에 많은 유대인이 수용소에서 일하다가,
혹은 독가스 실이나 격리 구역에서, 또는 먼 길을 이동하다가 죽임을 당했지요.
그중 수많은 유대인이 죽음을 맞은 아우슈비츠 수용소는
전쟁의 비인간적인 모습을 확실히 보여 줘요.

숙소

화장터

처음에는 아우슈비츠 수용소에 주로 폴란드인들이
수용되었어요. 그러나 이후 유대인 학살의 장소가
되면서 1942년부터 1944년까지 약 110만 명의 유대
인들이 여기로 이동되었어요. 폴란드인, 집시, 소련군
포로 등을 합치면 약 130만 명이 잡혀 왔지요.
이 중 약 110만 명(그중 유대인은 100만 명)이 죽임을
당했어요.

아우슈비츠 수용소에 사람들이 도착하면 먼저 일을
할 사람과 죽을 사람으로 나뉘었어요. 죽도록 정해진
사람들은 가스실에서 죽음을 맞았고 시신은 화장터로
보내졌지요.

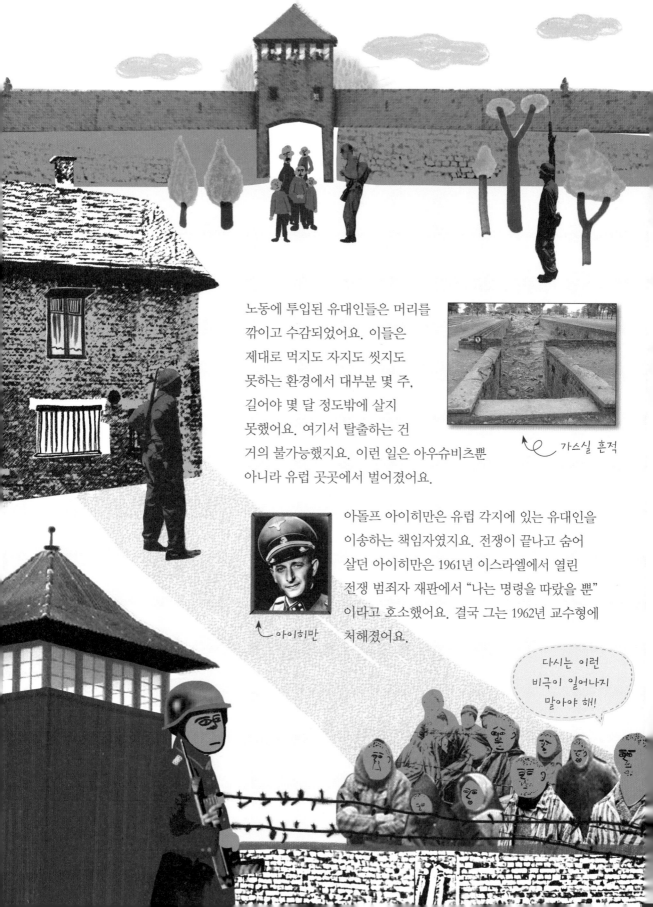

노동에 투입된 유대인들은 머리를 깎이고 수감되었어요. 이들은 제대로 먹지도 자지도 씻지도 못하는 환경에서 대부분 몇 주, 길어야 몇 달 정도밖에 살지 못했어요. 여기서 탈출하는 건 거의 불가능했지요. 이런 일은 아우슈비츠뿐 아니라 유럽 곳곳에서 벌어졌어요.

가스실 흔적

아돌프 아이히만은 유럽 각지에 있는 유대인을 이송하는 책임자였지요. 전쟁이 끝나고 숨어 살던 아이히만은 1961년 이스라엘에서 열린 전쟁 범죄자 재판에서 "나는 명령을 따랐을 뿐"이라고 호소했어요. 결국 그는 1962년 교수형에 처해졌어요.

아이히만

다시는 이런 비극이 일어나지 말아야 해!

3장 세계의 민족 해방 물결

우크라이나

불가리아

그리스   터키

중국

이라크   이란   아프가니스탄

네팔

리비아   이집트   사우디아라비아

인도

무스카트 오만

프랑스령   수단   예멘
적도 아프리카

에티오피아

민족 해방 물결이 일어난 세계
남부 아시아 ●   서남 아시아 ○
북부 아프리카 ●

내 이름은 야쉬야. 맨발로 거리를 걷고 있다고 놀리지 마. 열세

살밖엔 안 되었지만 독립 운동을 하고 있는 거야. 나와 내 친

구들은 지금 간디 아저씨를 따라 비폭력 평화 행진을 하고 있어. 벌써 나흘째라

조금은 힘들지만, 어른들처럼 끝까지 행진을 할 거야. 붙잡혀 가도 좋아. 우리

가 독립할 수만 있다면!

이슬람 국가들의 민족 해방 운동

"우리가 괜히 독일 편을 들었나 봐요."

오스만 제국은 제1차 세계 대전 때 동맹국 편에서 싸우다가 졌어요. 그래서 제1차 세계 대전 이후 그들이 가지고 있던 식민지를 연합국의 통치에 맡겨야 했어요. 본토의 대부분도 그랬어요. 오스만 제국에 남겨진 땅은 이스탄불(콘스탄티노폴리스) 일대와 아나톨리아 반도 등 일부에 지나지 않았어요.

하지만 이마저도 매우 불안했어요. 연합국이 오스만 제국의 나라 안 정치에 간섭하면서 아나톨리아 반도까지 차지하려 했기 때문이에요. 그뿐 아니었어요. 동쪽에서는 아르메니아가, 서쪽에서는 그리스가 공격 태세를 갖추고 있었지요. 하지만 옛 오스만 제국의 술탄은 아무런 대응을 하지 못했어요.

이즈음 케말 파샤라는 한 남자가 외쳤어요.

"나는 나라 질서를 바로잡기는커녕 외국의 침략도 제대로 막지 못하는 정부를 믿을 수 없습니다. 이제 새로운 민족 국가를 세워 위기에서 빠져나갑시다!"

케말 파샤는 제1차 세계 대전 당시 세계 최강이라 불리던 영국군을 무찌른 주인공으로 유명했어요. 사실 파

동맹국

독일, 오스트리아-헝가리 같은 나라들의 모임이야. 제1차 세계 대전 때 연합국(영국, 프랑스 등)에 맞섰지.

술탄

이슬람 국가의 왕을 가리키는 말이야.

샤라는 호칭도 지도자라는 뜻이었답니다.

케말은 어릴 때부터 애국심이 두터웠고, 신념이 뚜렷
했어요. 이미 사관 학교에 다닐 때부터 청년 장교들의
비밀 조직에 가담해 활동했지요. 청년 튀르크당에서도
활약이 뛰어났어요. 특히 압둘 하미드 2세를 몰아내고
혁명을 성공시키는 데 큰 공을 세웠어요.

하지만 오스만 제국의 술탄 정부는 케말 파샤를 매우
위험하다고 보았어요. 너무나 강한 민족주의자라는 이
유 때문이었지요.

그런 케말 파샤가 국민들에게 새로운
국가를 세우자고 발표한 말에 술탄 정
부는 깜짝 놀랐어요. 술탄 정부는 즉시
그를 군대에서 쫓아내 버렸지요. 이때,
케말 파샤는 '군인은 명령에 복종해야 한
다.'면서 순순히 군복을 벗었어요. 사실 그에
게는 또 다른 계획이 있었거든요.

케말 파샤는 곧 동부 아나톨리아에서 '아나
톨리아-루멜리아 권리 옹호 동맹'이라는 단
체를 만들고 자신을 따르는 사람들을 모았어
요. 그러자 이스탄불에서도 케말 파샤를
지지하는 사람들이 늘어났어요.

😈 **압둘 하미드 2세**

오스만 제국의 제34대 술탄
으로 잔인한 성격 때문에 '붉
은 압둘 하미드'라고 불리기
도 해.

터키를 연 케말 파샤

제1차 세계 대전에 육군 장교로
참전했으며, 술탄 정부의
폐지를 선언하였다.
오스만 제국이 멸망하고,
터키 공화국이 열리자,
첫 대통령이 되어 개혁을
추진했다.

이 기세를 몰아 케말 파샤는 앙카라(현재 터키의 수도)라는 도시에서 의회를 구성했어요. 영국과 술탄 정부의 방해도 소용없었지요.

술탄 정부는 케말 파샤의 의회를 인정하지 않았어요. 뿐만 아니라 케말 파샤는 물론이고 그를 따르던 지도자들을 종교적으로 파문했어요.

"케말 파샤와 그 무리는 우리 이슬람의 적이다!"

파문
신도가 될 자격이 없다고 내쫓는 일이야.

유럽 문명을 받아들입시다!

그럼에도 불구하고 케말 파샤의 지지는 갈수록 높아지기만 했어요. 게다가 케말 파샤가 1921년 오스만 제국을 침공한 그리스를 물리치자 그의 인기는 하늘을 찌를 듯 높아졌어요.

마침내 1923년 10월, 케말 파샤는 의회의 선거를 거쳐 터키 공화국의 첫 번째 대통령이 되었어요. 이로써 오스만 제국은 역사 속으로 사라지게 되었지요.

케말 파샤는 국민들에게 선언했어요.

"우리 공화국의 눈은 서쪽을 향해야 합니다. 우리는 서유럽의 제도들을 가져와 아시아의 땅 위에 심을 것입니다."

케말 파샤는 유럽의 문명을 적극적으로 받아들였어요. 또 한편으론 시대에 뒤떨어진 여러 제도를 고쳤지요. 수도는 이스탄불에서 앙카라로 옮겼어요. 칼리프 제도를 없애고 오스만 제국의 왕가 사람들을 모두 나라 밖으로 내쫓았지요. 이듬해에는 헌법을 만들어 정하고, 여성의 참정권을 인정했어요. 그럼으로써 이슬람 국가에 공화국 정부가 들어서게 되었지요.

민족 자결주의를 발표한 윌슨 대통령
제28대 미국 대통령으로 국제 연맹 창설에 힘써 노벨 평화상을 받았다. 그가 발표한 민족 자결주의는 강대국의 지배를 받던 여러 민족에게 희망을 주었다.

한편 이집트에서는 제1차 세계 대전이 끝나자 독립의 기운이 용솟음쳤어요.

"우리도 독립할 자격이 있다! 미국의 윌슨 대통령도 말하지 않던가!"

이집트는 이미 1882년부터 영국의 지배를 받고 있었거든요. 이집트 사람들은 미국의 윌슨 대통령이 1918년에 발표한 민족 자결주의에 크게 자극을 받았어요. 이후 독립을 하고 싶다는 마음이 더욱 더 강해지고 있었지요.

그런데 영국은 이를 무시하고 이집트를 영국의 보호령으로 만들려고 시도했어요. 이에 맞서 자글룰 파샤가 1918년 와프드라는 대표단을 이끌고 영국에 가서

참정권

국민으로서 정치에 참여할 수 있는 권리를 말해.

민족 자결주의

민족마다 스스로 운명을 결정할 수 있고 다른 민족의 간섭을 받아서는 안 된다는 주장이야.

이집트 독립을 요청했어요.

영국 정부는 이집트의 독립 운동이 반갑지 않았어요. 독립 운동을 억누르기 위해 자글룰 파샤를 체포했지요. 하지만 이 사건은 오히려 이집트 국민들을 자극했어요. 마침내 영국에 저항하려는 움직임이 전국적으로 퍼져 나갔지요. 지식인들은 물론이고, 상인과 농민들까지 나서서 싸웠어요.

그 덕분에 1922년, 영국은 이집트의 독립을 부분적으로 인정하기에 이르렀어요. 이듬해 이집트에는 신헌법이 반포되었고, 입헌 정치가 실시되었어요. 1년 뒤에는 자글룰을 중심으로 와프드당이 세워졌어요. 이때 자글룰 파샤는 총선을 통해 수상으로 선출되었답니다.

페르시아에서도 비슷한 일이 일어났어요. 영국이 페르시아마저도 보호국으로 삼으려 했거든요. 페르시아에서도 저항 운동이 거세게 일어났어요.

이때 레자 칸이라는 군인이 쿠데타를 일으켜 정권을 잡았어요. 그리고 1925년에 페르시아의 카자르 왕조를 무너뜨리고 왕위에 올랐어요. 그런 뒤 자신을 레자 샤 팔레비라고 부르게 했지요. 팔레비 왕조가 시작된 것이에요. 팔레비는 나라의 이름을 이란으로 바꾸고는 나라를 근대화시키기 위해 애썼어요.

반포

세상에 널리 퍼뜨려 알게 하는 일이야.

입헌 정치

헌법에 따라 나라를 이끄는 일을 말해.

와프드당

이집트 최초의 근대적인 정당이야.

인도의 민족 해방 운동

세포이 항쟁에 놀란 영국은 인도를 탄압하지 않고 살살 달래는 정책을 쓰기로 했어요. 그래서 영국에 호감이 있는 인도 지식인과 관리, 돈이 많은 자본가, 지주 등을 모아 모임을 만들기로 했어요. 이렇게 해서 1885년 인도 국민 회의가 만들어졌지요. 이 국민 회의에는 인도 대표 72명이 모였어요.

겉으로 보기엔 영국이 종교나 지역, 계급이 다른 인도 사람들을 서로 잘 어울려 지내게 하려는 것 같았어요. 하지만 사실은 인도 사람들이 서로 힘을 합치지 못하게 하려는 것이었지요.

그런데 뜻밖에도 국민 회의는 해마다 전국의 여러 도

세포이 항쟁

1857년부터 1859년까지 인도에서 펼쳐진 최초의 민족 항쟁이었어.

1885년 첫 번째 인도 국민 회의

국민 회의는 처음에 영국이 인도 통치를 쉽게 하기 위해 만들었으나 점차 인도의 독립과 자치를 위한 단체가 되어 갔다.

시에서 번갈아 열리면서 오히려 더 많은 지도자들의 관심을 끌어냈어요. 국민들의 생각도 일깨웠지요. 시간이 지나면서 점차 독립 운동의 중심 역할을 하게 된 거예요.

특히 1905년, 영국이 벵골 지방을 나누어 통치하겠다는 계획을 발표했을 때부터 국민 회의의 활약이 눈부시게 펼쳐졌어요.

"벵골 지역은 워낙 넓고 인구가 많아 일을 제대로 하기 힘드니 지역을 나누어 통치하겠소."

겉으로는 벵골 주민들을 위해 나누어 통치한다고 했지만, 영국의 속셈은 따로 있었어요. 이 지역을 나누고 종교 간의 갈등을 부추겨 인도 민족을 분열시키려 한 것이지요. 서벵골은 힌두교 신자가 많은 반면, 동벵골은 이슬람교 신자가 많았거든요.

인도 시민들은 이런 영국의 행동에 크게 반발했어요. 시민들은 즉시 영국 상품 사지 않기 운동을 펼쳐 나갔어요. 국민 회의는 캘커타(지금의 콜카타)에서 회의를 열었지요.

"우리 모두 국산품을 애용하고, 영국 정부에 우리 스스로 나라를 다스리게 해 달라고 합시다. 또한 영국 돈을 거부하고 민족 교육을 펼쳐 나갑시다!"

벵골 지방

인도 북동부에 있는 지역이야. 지금 서쪽은 인도 땅이고 동쪽은 방글라데시 땅이지.

이러한 인도인들의 노력에 놀란 영국은 결국 벵골 분할령을 취소했어요.

제1차 세계 대전이 일어나자, 영국은 인도가 도와주면 자치권(스스로 다스릴 권리)을 주겠다고 약속했어요. 인도는 그 말에 영국을 도왔어요. 하지만 전쟁이 끝나자 영국은 모든 인도인들을 재판 없이도 체포하거나 감옥에 가둘 수 있는 롤라트 법을 만들었어요.

"그런 법이 어딨소!"

인도인들은 이에 항의하기 위해 시위를 벌였어요. 이때 경찰이 시위대를 향해 총을 쏘는 바람에 여러 명이 죽거나 다쳤지요. 인도 사람들은 분노한 나머지 거리 행진을 시작했어요. 이때, 비폭력 투쟁을 주장하면서 간디가 군중들을 이끌었어요.

"여러분! 진리와 비폭력이 최고의 덕목입니다."

또한 간디는 인도 사람들에게 인도의 독립을 이루기 위해서는 모든 국민이 정치적으로 깨어나야 한다고 외쳤어요. 그러면서 한편으로는 불가촉천민을 끌어안아 주고, 실망에 빠진 사람들에게 용기를 주기도 했어요.

뿐만 아니라 직접 물레를 돌려 만든 옷을 입는 등 스스로 검소하게 살아갔어요. 그러다 보니 시간이 지날

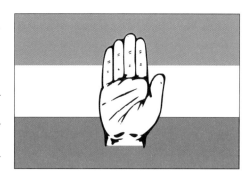

인도 국민 회의 깃발
인도 국민 회의는 벵골 분할령을 계기로 영국에 반대하는 운동을 펼치기 시작했다. 이후 완전 자치 운동인 '스와라지', 국산품 애용 운동인 '스와데시' 등을 주도했다.

비폭력 투쟁
- - - - - - - - - - - - - - - - - -
무력을 동원하지 않고 부당한 일에 저항하는 것을 말해.

불가촉천민
- - - - - - - - - - - - - - - - - -
인도의 카스트 제도에도 속하지 못할 정도로 천대받던 계층이었어.

우리 모두 국산품을 애용하자!

수록 종교를 가리지 않고 간디를 따르는 사람들이 많
아졌지요.

그러던 1930년, 이번에는 영국이 소금법을 만들어 발
표했어요.

"앞으로 인도인들은 인도 안에서 생산된 소금을 먹어
선 안 됩니다. 영국에서 생산된 소금만 먹어야 하오."

그러나 영국에서 건너온 소금은 비싸서 가난한 사람
들이 살 수가 없었어요. 이에 분노한 간디는 다시 한번
행진하기로 마음먹었어요.

소금법
- - - - - - - - - - - - - - - - - -
영국에서 들여온 소금만 사
먹어야 한다는 법이었어.

"우리가 직접 소금을 생산하러 갑시다."

간디는 자신을 따르는 78명과 함께 행진을 시작했어요. 인도 서부의 사바르마티강에서 출발하여 소금이 나는 단디 해안가까지 가는 길이었지요. 300킬로미터가 넘는 거리였어요. 간디의 행진을 본 사람들이 그 뒤를 따르기 시작했고, 행렬은 오래지 않아 수천 명으로 늘어났어요. 행진 때문에 간디와 6만여 명의 인도 사람들이 감옥에 갇히기도 했어요.

하지만 인도에 대한 영국 정부의 태도는 똑같았어요.

그러던 중에 제2차 세계 대전이 일어났어요. 영국 정부는 인도 사람들의 협조를 요청했어요. 이때 국민 회의는 영국에 요구했지요.

"만약 전쟁 후에 인도를 완전히 독립시켜 준다면 즉시 영국을 돕겠소."

하지만 영국은 '머지않아 인도의 자치 정부를 허락하겠다.'는 대답만 되풀이했어요. 이에 국민 회의는 영국 정부의 제안을 거절했어요. 그러고는 다시 한번 간디를 중심으로 비폭력 투쟁을 벌이기로 뜻을 모았어요.

물레 잣는 간디
영국이 기계를 이용해 대량 생산해 낸 직물을 거부하고 인도 사람들이 직접 물레를 돌려 옷을 지어 입기를 권하는 비폭력 저항 운동이었다.

간디가 암살된 곳에 세워진 추모비
간디는 인도 사람들이 비폭력, 불복종으로 어려움을 이기도록 이끈 정신적 스승이었다.

하지만 영국 정부는 이번에도 간디를 옥에 가두었고, 국민 회의 지도자들도 체포했어요. 이 소식이 알려지자 인도 국민들은 또다시 들불처럼 일어났어요. 학교와 공장은 파업을 했고, 몇몇 사람들은 무기를 들고 경찰서를 습격하기도 했어요. 물론 영국 정부도 이에 강하게 대응했어요. 모임이 열리면 무조건 총을 쐈고, 군대까지 동원했지요. 1942년의 모임으로 1만 명 이상의 인도 사람들이 희생당하고 말았어요.

간디를 죽게 한 인도의 종교 분쟁

대부분의 사람들이 힌두교를 믿는 인도와 달리 파키스탄은 이슬람교를 믿는 사람들이 대부분이었어요. 이 두 나라 사이에서 이슬람교도와 힌두교도 들이 싸우는 바람에 희생자가 많아졌지요. 간디는 이슬람교도와 힌두교도의 화해를 위해 활동했어요. 이에 극단적인 힌두교도가 분노해 간디를 암살했지요.

인도와 파키스탄 사이의 종교, 영토 분쟁은 여전해요. 특히 인도와 파키스탄 사이에 있는 카슈미르 지역이 뜨거운 감자예요. 카슈미르 대부분의 사람들은 예로부터 이슬람교도였어요. 하지만 1800년대 후반부터 소수의 힌두교 지도자가 이 지역을 이끌게 되었지요. 인도가 영국에서 독립하면서 카슈미르는 지도자가 힌두교도라 인도에 속하게 되었어요. 하지만 이를 참을 수 없었던 대부분의 카슈미르 이슬람교도들이 들고 일어났어요. 파키스탄은 이들을 도왔지요. 그러자 인도도 싸움에 나섰어요. 그러면서 카슈미르는 인도령과 파키스탄령으로 나뉘었어요. 하지만 인도는 아직도 카슈미르 전부가 인도령이라고 주장하고 있답니다.

결국 인도의 독립은 제2차 세계 대전이 끝난 후에야 이루어졌답니다. 하지만 이슬람교도와 힌두교도의 대립으로 파키스탄이 인도에서 떨어져 나가고 말았어요. 그리고 힌두교도의 총탄에 간디가 암살되는 비극을 겪어야 했지요.

우리는 영국의 손아귀에서 벗어날 거야. 나에게 좋은 방법을 좀 알려 줄래?

독립과 평화를 외친
간디의 일생

❶ 간디는 1869년 식료품상 집안의 아들로 태어나, 조혼 풍습을 지키는 예법에 따라 열세 살 때 동갑내기 신부와 결혼했어요.

❸ 간디는 소송 사건 하나를 의뢰받아 1893년 남아프리카에 가게 되었어요. 이곳에는 이미 7만여 명의 인도 사람이 살고 있었는데, 백인들에게 심한 차별 대우를 받고 있었어요.

　이를 본 간디는 인도 사람의 지위와 권리를 보호해야겠다고 마음먹었지요. 그리고 인종 차별에 반대하는 투쟁을 벌이기 시작하여 1914년까지 지도자로 활동했어요.

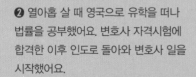

❷ 열아홉 살 때 영국으로 유학을 떠나 법률을 공부했어요. 변호사 자격시험에 합격한 이후 인도로 돌아와 변호사 일을 시작했어요.

❹ 1915년에 귀국한 간디는 독립 운동을 위해 여러 지역을 다녔어요.

❽ 인도가 독립한 후 이미 80세 가까이 된 간디는 힌두교도들과 이슬람교도들이 계속 대립하자 양쪽 사람들이 사이좋게 지내도록 활동했어요. 그러다가 과격한 힌두교도가 쏜 총에 맞아 세상을 떠났어요.

❼ 1930년에는 소금법 반대 운동을 벌이다가 체포되어 옥에 갇혔어요. 다시 석방된 이후에도 끊임없이 영국에 불복종하는 운동을 벌였지요.

❻ 1924년에는 인도 사람이 스스로 농촌을 구제하자는 운동을 벌이며 전국을 돌아다녔어요.

❺ 1919년에는 인도 국민 회의파가 간디와 함께 영국에 대한 비폭력 저항 운동을 벌였어요. 세금을 내지 않고 취업을 하지 않으며, 영국 상품을 사지 않는 운동이었지요.

4장 중화민국과 중국 공산당

중국 공산당 대장정의 길
이동 경로 →

1935년 11월
도착

연안

산서성

중국

한국

1934년 10월
출발

강서성

서금

 나는 엄마, 아빠를 도와 농사를 짓고 살았어. 그런데,

이번에 모택동의 군대를 따라서 대장정에 나섰어. 우리

가 새로 뿌리 내릴 곳을 찾아서 말이야. 뒤에서는 국민 정부군이 쫓아오고, 앞

은 험한 산과 강이야. 아무리 험해도 우리는 산을 넘고 강을 건너야 해. 길도

없는 길을 따라 걷다가 자고 또 일어나 걸으며 끼니를 해결하고 있어. 그곳에

가면 우리 같은 사람들이 잘 사는 세상이 빨리 오겠지?

군벌의 등장과 5·4 운동

"사실 난 황제가 되고 싶다고!"

늘 우두머리가 되고 싶어 하던 원세개(위안스카이)는 중화민국을 이끌어 가는 대총통이 된 후에도 만족스럽지 않았어요. 원세개가 정말 되고 싶은 건 황제였거든요. 모든 걸 마음대로 할 수 있는 독재자가 되고 싶었지요. 하지만 그건 불가능했어요. 중국은 이제 공화국이었기 때문이에요. 원세개는 특히 옛 중국 혁명 동맹회 출신 사람들이 손문(쑨원)을 중심으로 국민당을 만들어 의회에서 다수를 차지하고 있는 게 영 마음에 들지 않았어요.

"쳇! 의회 때문에 총통이 되어도 내 맘대로 할 수 있는 게 하나도 없군."

그래서 원세개는 걸림돌이 되는 국민당을 없애 버리기로 했어요. 온갖 방법을 다 동원했지요. 자신의 정책에 반대하는 의원들을 협박하기도 하고, 심지어 국민당의 지도자인 송교인을 몰래 죽이

중국 혁명 동맹회
신해혁명 이전 1905년에 손문이 일본에서 만든 비밀 단체야.

원세개가 지내던 집
원세개는 1912년 신해혁명으로 임시 대총통의 자리에 올랐다. 이후 정식으로 중화민국 첫 번째 대총통이 된 후에는 독재 체제를 만들려 했다.

기도 했어요.

그리고 자신이 중국을 마음대로 다
스리기 위해 돈이 더 필요해지자, 의
회의 반대를 무릅쓰고 프랑스와 영국, 러시아,
독일, 일본 같은 나라에서 돈을 빌려 오기까지
했어요. 국민당을 지지하는 도독(지방 장관)들
도 쫓아냈고요.

그러자 화가 난 일부 도독들이 곳곳에서 원세
개를 무너뜨리기 위해 무장봉기를 일으켰어요. 신해
혁명에 이어 제2혁명이 일어난 거예요.

하지만 원세개는 군대를 동원해 제2혁명을 진압
하고 사실상 독재를 하려고 했어요. 그리고 국민당
의원들에게 제2혁명에 가담했다는 누명을 씌워 의회
에서 쫓아냈어요. 그 탓에 손문은 다시 일본으로 망명
을 가야 했어요. 원세개는 황제가 되기 위한 공작을 계
속 펼쳐 나갔지요.

이런 중에 1914년 제1차 세계 대전이 터졌어요. 그러
자 일본은 독일에 선전 포고를 하고 중국에 있는 독일
조차지인 산동성(산둥성)을 점령해 버렸어요.

그리고 1915년 1월에는 군사력을 앞세워 원세개에
게 21개조를 내밀었어요. 거기에는 독일이 산동성에서

가졌던 모든 권리를 일본에 넘기며, 남만주·내몽고에서 일본의 우선권을 인정하고, 일본이 가지고 있던 철도 조차 기한을 연장한다는 등의 내용이 들어 있었어요. 중국의 주권을 크게 침해하는 내용이었지요. 이에 많은 사람들이 반대했지만, 1915년 5월 원세개는 21개 조를 거의 모두 수락할 수밖에 없었어요. 일본이 원세개에게 솔깃한 암시를 했거든요.

"성의를 갖고 교섭한다면 대총통이 더 높은 자리에 오를 것으로 기대하오."

황제가 되고자 했던 원세개가 이에 응한 것이지요.

얼마 후, 마침내 원세개는 스스로 황제의 자리에 올랐어요. 하지만 이미 백성의 마음은 그를 떠나 있었어요. 게다가 원세개와 황제 제도를 반대하는 반란이 또

원세개의 장례식
1916년 6월 원세개는 갑작스러운 죽음을 맞게 된다. 원세개가 죽은 후 군벌 시대가 열렸다.

일어났지요. 이번에는 그 기세가 워낙 거세어 원세개도 어찌할 수가 없었어요. 원세개를 가까이 따르던 몇몇 장군들조차 황제 제도를 취소하라고 충고했어요.

결국 원세개는 황제의 자리에 오른 지 약 석 달 만에 황제 제도를 없앴어요. 그리고 다시 대총통이 되었지만 곧 그 자리에서 물러나라는 압박을 받았지요. 그러다가 병으로 세상을 떠나고 말았어요.

이후 나라에는 급작스러운 혼란이 찾아왔어요. 특히 군벌들이 권력을 차지하기 위해 서로 다투었어요. 이 군벌들은 원세개가 이끌던 북양군이 나뉜 파벌들이었지요. 이들은 혼란을 틈타 제 세력을 더욱 크게 확장해 나갔어요. 이들을 북양 군벌이라 불러요.

군벌들은 자신들의 권력과 이익에만 관심이 있을 뿐 백성들에게는 조금도 관심이 없었어요. 더구나 군벌들은 살아남기 위해서 반민족적인 일도 서슴지 않았어요. 제국주의 국가들로부터 돈을 빌리고 대신 중국에서 활동할 수 있게 해 주었지요.

백성들의 불만은 점점 커져만 갔어요. 더구나 제1차 세계 대전으로 인해 유럽 각국이 중국 시장에서 물러난 틈을 타 일본이 진출했는데, 이 때문에 중국 사람들이 경제 활동을 하기가 힘들어졌어요. 백성들의 살림살

군벌

강력한 군사력으로 정치를 장악한 군인 집단을 말해. 중국에서는 보통 원세개 죽음 이후를 '군벌 시대'라고 부르는데, 대표적으로 북양 군벌과 서남 군벌이 있어.

북양군

청 말기 이홍장이 만든 신식 군대인 북양군이 원세개 때 마치 원세개의 개인 군대처럼 되었어.

이는 말이 아니었지요.

　그러던 1919년 5월 4일, 북경(베이징)의 천안문 앞에 북경대 학생들을 중심으로 하는 대학생들이 모였어요. 약 3천여 명에 이르는 대학생들은 저마다 깃발을 들고 있었는데, 각각 짧은 문구가 쓰여 있었지요.

　21개조를 취소하라!
　친일 관리를 쫓아내라!

　학생들이 거리로 뛰쳐나온 직접적인 계기는 제1차 세계 대전 후 열린 파리 강화 회의 때문이었어요. 중국은 전쟁 말기에 참전한 덕분에 전승국이 되었어요. 그

🧑 파리 강화 회의
- - - - - - - - - - - - - - - - - - -
제1차 세계 대전 후 처리를 위해 1919년 파리에서 전승국들이 모여서 여러 차례 열었던 회의야. 이 회의 결과 독일과 맺은 조약이 베르사유 조약이지.

5·4 운동의 현장, 천안문
자금성으로 들어가는 남쪽 문이다. 지금은 모택동의 초상이 가운데 걸려 있고 양쪽에 "중화인민공화국 만세 세계인민대단결 만세"라고 쓰여 있다.

中华人民共和国万岁　　世界人民大团结万岁

5 · 4 운동 당시 학생들
5 · 4 운동은 북경에서 북경대
학생을 중심으로 일어난 항일,
반제국주의, 반봉건주의 혁명
운동이었다.

래서 중국 대표단도 이 회의에 참석했지요. 중국 대표
단의 가장 큰 목적은 일본이 주장했던 21개조를 없던
일로 만들고, 독일이 산동성에서 가지고 있던 권리를
돌려받는 것이었어요. 그래서 중국 대표단은 회의에
참석한 나라들에게 21개조가 무효라고 호소했어요.

하지만 중국의 요구는 받아들여지지 않았어요. 일본
이 이미 영국, 프랑스 등 다른 나라들을 설득해 산동성
에서의 권리가 일본 것이며 21개조가 정당한 것이라고
인정받았기 때문이에요.

4월 30일 이 사실이 중국에 알려지자, 백성들은 분노
로 들끓었어요. 가장 먼저 북경의 학생들이 거리로 뛰

처나왔어요. 이들은 당시 대표적인 친일 관리로 여겨 졌던 조여림의 집으로 몰려가기도 했어요. 조여림의 집에 일본 천황의 사진이 걸려 있는 것을 보고 분노한 나머지 집에 불을 질렀지요.

이에 경찰은 32명의 학생들을 체포해 가두었어요. 이 소식이 전해지면서 체포된 학생들을 석방하라고 요구 하는 시위가 벌어졌어요. 수많은 학교와 가게가 문을 닫았고, 아 울러 일본 상품 사지 않기 운 동이 펼쳐졌지요. 특히, 상 해(상하이)에서는 학생,

노동자, 상인이 모두 파업하는 '3파 투쟁'이 일어났어요. 경찰들이 수단과 방법을 가리지 않고 막았지만, 오히려 시위는 전국으로 퍼져 나갔어요.

마침내 북경의 군벌 정부는 두 손을 들고 말았어요. 조여림을 비롯한 세 명의 친일 관리들을 파면하기로 결정한 거예요. 아울러 파리 강화 회의의 결과도 거부하기로 했어요.

이를 5·4 운동이라 해요.

5·4 운동은 1년 동안 계속되다가 막을 내렸어요. 그동안 정치적 의견을 내지 못했던 학생, 노동자, 상인 같은 보통 사람들이 자신의 정치적 요구를 관철시킨 최초의 경험이었어요. 처음에는 21개조 요구 취소, 친일 관리 파면 등 단순한 요구였지만, 점차 반제국주의, 반봉건주의(군벌 타도)라는 목표가 분명해졌다는 점에서 아주 뜻깊은 사건이랍니다.

파면

잘못을 저지른 사람에게 직업이나 직무를 그만두게 하는 일을 말해.

관철

어려움을 뚫고 목적을 이루는 일이야.

중국 공산당이 성립되다

중화민국 초기 원세개가 독재를 꿈꾸며 황제 제도를 부활시키려 하자 중국의 지식인들은 이러한 상황을 바꾸기 위해 새로운 길을 찾기 시작했어요.

1915년 진독수(천두슈) 같은 경우는 상해에서 《신청년》이라는 잡지를 창간했어요. 이 잡지는 공자와 유교를 비판하고, 과학 소식 등 새로운 사상과 문학·과학을 소개했어요. 특히 마르크스주의를 소개하면서 중국 지식인들에게 새로운 방향을 제시하는 등불 역할을 했어요. 군벌과 자본가, 제국주의, 열강을 물리쳐야 한다고 생각하는 사람들에게 사회주의는 마음에 쏙 드는 사상이었어요. 중국에서는 사회주의 사상이 빠르게 퍼져 나갔어요. 특히 5·4 운동 이후 사회주의 사상을 받아들이는 사람이 더욱 빠르게 늘어났지요.

한편, 사회주의 혁명에 성공한 러시아는 중국에서 공

진독수

북경 대학의 교수로 사회주의가 중국에 뿌리내리게 한 학자야.

마르크스주의

마르크스가 주장한 사회주의 이론을 가리키는 말이야.

제국주의

강한 군사력과 경제력으로 다른 나라를 침략하여 식민지로 삼는 것을 말해.

제1차 중국 공산당 전국 대표 대회를 열려던 곳
공산당 창당 이후 상해 프랑스 조계지에 있는 건물에서 첫 공산당 대회를 열었다. 하지만 대회 도중 경찰들이 쳐들어오자 호수 위에서 공산당 대회를 마무리 지었다.

산당이 만들어지는 걸 도와주러 나섰어요. 1920년에 보이틴스키라는 인물을 보냈지요. 보이틴스키는 상해에서 진독수를 만나 공산당 창당을 도왔어요. 마침내 1921년 모택동(마오쩌둥, 103쪽)을 비롯한 열세 명이 상해에 모여 진독수를 위원장으로 중국 공산당을 만들었지요.

당시 서구 제국주의 열강이 여전히 중국을 휘젓고 군벌들은 국민을 신경 쓰지 않던 터라, 공산당에 가입하려는 사람들은 빠르게 늘어났어요.

한편 1916년 원세개가 죽으면서, 일본으로 몸을 피했던 손문이 되돌아왔어요. 손문은 1919년 5·4 운동을 통해 민중의 힘을 깨달았어요. 그리하여 일본에서 만든 '중화 혁명당'을 민중을 기반으로 하는 '중국 국민당'으로 발전시켰어요.

손문은 1921년 북경의 군벌 정부에 대항하기 위해 중국 남부 광동(광둥)에 광동 정부를 세웠어요. 그리고 자신이 비상 대총통을 맡았지요. 손문은 북경의 군벌 정부를 토벌할 준비를 서둘렀어요.

하지만 군벌을 토벌하기는 생각보다 쉽지 않았어요. 북양 군벌들의 저항이 만만치 않았거든요. 게다가 손문을 도와주려던 일부 서남 군벌도 북벌을 반대하며 반

민중

지배를 받는 입장에 있는 국민을 일컫는 말이야.

토벌

무력으로 무찔러 없애는 일이지.

북벌

여기에서는 북쪽의 군벌을 토벌하는 일을 말해.

란을 일으켰지요.

　반란으로 결국 쫓겨난 손문은 1923년 1월 상해에서 소련 대표인 요페를 만났어요.

　"서로 세력이 나뉘어 다투는 중국을 통일하고 완전한 독립을 이루기 위해서는 국민당이 더 발전해야 합니다. 이를 위해 우리 국민당은 소련과 연합하고 공산당을 받아들일 것입니다."

　손문의 말에 요페는 중국의 통일과 독립을 돕겠다고 약속했어요. 손문은 중국 공산당원이 국민당에 당원으로 들어올 수 있도록 했어요. 공산당 측도 이를 받아들였어요. 공산당은 아직까지 힘이 약했기 때문에 우선 힘을 키워야 했거든요.

　손문은 소련의 도움을 받아 국민당을 다시 정비하고, 자신이 직접 이끌 수 있는 강한 군대를 만들려 했어요.

　'우선 사관 학교를 설립해야겠어.'

　그렇게 마음먹은 손문은 장개석(장제스)을 소련에 보내 소련 군대를 살펴보게 했어요. 그리고 소련 군사 고문의 지도를 받기로 했지요.

　나아가 1924년 6월 황포(황푸) 군관 학교를 세우고 장개석을 교장으로 임명했어요. 이듬해에

국민당을 이끈 장개석
중국의 군인이자 정치가이다. 군벌을 타도하고 남경(난징) 정부의 권력을 잡았다. 이후 항일에 힘쓰며 중화민국의 총통이 되었으나 공산당에게 밀려 대만(타이완)으로 갔다.

는 국민 혁명군을 설립했어요. 이제 국민당은 군벌들의 군대를 이용하지 않아도 되었지요.

이렇게 국민당과 공산당이 힘을 합친 게 바로 제1차 국공 합작이에요.

하지만 외세의 간섭이 없는, 하나의 독립 정부를 이루려던 손문은 그 꿈을 이루지 못하고 1925년 세상을 떠났어요.

손문은 죽기 전 국민당 사람들에게 유서를 남겼지요.

"내가 40년 동안 혁명에 힘쓴 것은 중국의 자유와 평등을 위해서였소. 그 목적을 이루기 위해서는 먼저 국민들을 일깨워야 하오. 나는 경험으로 그 필요성을 깨달았소. 그리고 우리 민족을 평등하게 대하는 세계 나라와 힘을 합쳐야 하오. 아직까지도 혁명은 성공하지 못했구려."

하지만 손문이 죽은 지 얼마 되지 않아 국민당은 권력 투쟁에 빠져들었어요.

겉으로는 국민당 좌파인 왕정위(왕징웨이)와 국민당 우파인 장개석이 권력을 나눠 가진 것처럼 보였어요. 그러나 이전부터 국공 합작을 반대하던 우파는 이제

1924년 세워진 황포 군관 학교
중국 국민 혁명에 필요한 인재들을 키우기 위해 광주(광저우)에 세운 학교였다. 군벌 타도와 중국 민족의 통일, 독립을 내세웠다.

국공 합작

중국에서 국민당과 공산당이 손잡은 일을 말해.

대놓고 공산당원(좌파)들을 몰아내려 했어요. 반면 공산당원들은 꾸준히 자신들의 힘을 키우는 데 몰두했어요. 공산당의 세력을 키우기 위해서 국민당에 가입했으니까요.

"우리는 우파에 흔들려서는 안 됩니다. 어떻게든 당과 군관 학교에 우리의 세력을 늘려 나가야 합니다."

우파는 장개석을 중심으로 끊임없이 공산당 세력과 맞섰어요. 소련에서 온 고문을 체포하여 가두기까지 했지요. 공산당 세력은 점차 약해졌어요. 이제 실질적으

북벌 중인 국민 혁명군
국민 혁명군은 손문의 삼민주의를 기본으로 소련 적군의 제도를 따라 만들어졌다. 대부분 황포 군관 학교 출신으로, 이들 중에는 여군도 있었다.

로 장개석이 국민당과 국민
정부군을 장악하게 되었지요.

북벌의 진행

장개석은 손문의 뜻을 이어
받아 북쪽의 군벌을 토벌하는
일(북벌)에 나서기로 마음먹
었어요.

장개석은 국민 혁명군 총사
령관이 되었고, 1926년 7월에
마침내 군사들을 이끌고 북벌
을 떠났어요.

장개석이 이끄는 군대는 매우 빠르게 나아갔어요. 9
월에는 한양과 한구(한커우)를, 10월에는 무창(우창)을
점령했어요. 이듬해 3월에는 상해에서 남경(난징)까지
갈 수 있었어요. 장개석의 부대는 매우 훈련이 잘 되어
있었거든요.

또한 그들에게는 군벌과 제국주의를 무너뜨리려는
절실한 바람이 있었지요. 군벌에 시달리던 민중들의
호응도 한몫했어요.

"우리의 진격 앞에 승리만 있다!"

장개석의 군대는 곳곳에서 이겼답니다.

남경 정부의 반공 정책

북벌 전쟁이 계속되는 동안, 공산당 세력은 빠르게 커졌어요. 어떤 지역에서는 노동자와 농민들이 나서서 군벌을 몰아내고 자신들의 정권을 세우기도 했어요.

공산당원들을 비롯한 국민당 좌파의 세력이 커지면 커질수록 장개석이 이끄는 국민당 우파와 팽팽하게 맞설 수밖에 없었어요. 우파는 주로 지주와 자본가의 지지를 얻고 있었고, 좌파는 노동자와 농민의 지지를 받고 있었기 때문이지요.

특히 국민당 정부를 어디로 옮기느냐 때문에 다툼이 커졌어요. 장개석은 남경으로 옮겨야 한다고 주장했고, 좌파는 무한(우한)으로 옮겨야 한다고 주장했어요. 이때 국민당 정부는 여러 번 회의를 한 끝에 무한으로 정부를 옮기기로 결정했지요.

장개석은 이 결정이 못마땅했어요. 그리고 대도시의 부유한 상인이

박탈

남의 자격이나 권리를 빼앗는 일을 말해.

우리 농민과 노동자는 국민당 좌파를 지지해.

나, 기업의 주인, 그리고 은행가와 같은 자본가들 역시 몹시 두려움을 느꼈어요. 공산당 세력은 이들을 무너뜨려야 할 대상으로 여겼으니까요.

1927년 성립된 남경 정부
장개석이 공산주의 성향의 좌파가 주도하는 무한 국민 정부에 맞서 남경에 세운 국민 정부이다. 1927년부터 1942년까지 지속되었다. 이 건물은 오늘날 남경 근대사 박물관으로 쓰인다.

결국 장개석은 자신을 따르는 세력을 이끌고 남경으로 갔어요.

이에 무한의 국민당 정부에서는 좌파 세력이 중심이 되어 장개석의 모든 권한과 직위를 박탈했어요. 하지만 그런다고 기가 죽거나 물러설 장개석이 아니었어요.

1927년 3월 말, 장개석은 군사를 이끌고 상해로 갔어요. 이 무렵 상해에서는 중국 공산당의 주도 아래 노동자들이 대규모 파업 시위를 일으키고 있었어요. 4월

지주와 자본가는 우리 국민당 우파를 지지하고 있어.

12일, 장개석은 이들에게 무기를 내려놓으라고 하면서 공산당원을 체포하도록 명령을 내렸어요. 상해에서 쿠데타를 일으킨 것이지요.

"공산당원들을 모두 잡아들이고 반발하는 자는 사살하시오."

그 결과 수천 명의 사람들이 죽거나 다쳤어요. 장개석은 이에 아랑곳하지 않았어요. 4월 18일, 남경에 우파만의 정부를 수립했지요.

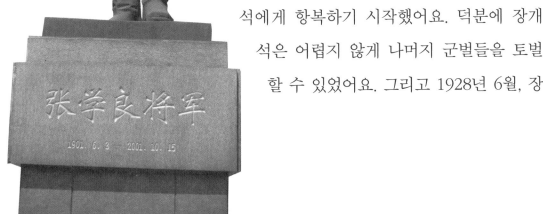

장개석을 도운 장학량
중국 동북 지역의 군벌을 이끌던 장작림의 아들이다. 장작림이 일본에 의해 죽은 후 군벌을 이어받아 군인이자 정치가로 장개석을 도와주었다.

결국 무한 정부도 국공 분리를 결심하여 공산당원들을 쫓아냈어요. 그리고 남경 정부에 합류했지요. 약 3년 동안 이어져 오던 국공 합작은 사실상 막을 내리고 만 거예요.

장개석은 정치와 군사를 이끄는 국민당의 실권자가 되었어요.

장개석은 다음 달부터 다시 북벌에 나섰어요. 이때 장학량(장쉐량)이 장개석을 도왔어요. 장학량은 중국 만주를 근거지로 하는 봉천파를 지휘하고 있었지요. 다른 군벌들도 하나둘씩 장개석에게 항복하기 시작했어요. 덕분에 장개석은 어렵지 않게 나머지 군벌들을 토벌할 수 있었어요. 그리고 1928년 6월, 장

개석의 토벌군은 마침
내 북경에 들어갈 수
있었어요.

청천백일만지홍기
1928년 남경 정부의 국기가
되었고, 오늘날까지 대만의
국기로 쓰이고 있다.
빨간색, 파란색, 흰색은 손문이
말한 삼민주의를 뜻한다.

"중화민국 통일 정부
가 수립되었음을 알립
니다!"

북경에 들어선 국민 혁명군은 북벌이 완료되었음을
안팎으로 선언하고 남경을 수도로 정한다고 발표했어
요. 이어 청천백일만지홍기를 국민 정부 깃발로 사용
하기로 했지요.

이윽고 그해 10월 마침내 장개석은 국민당 정부의
주석이 되었어요. 사실상 모든 권력을 가진 셈이 되었
지요. 한동안 정부는 안정되는 듯 보였어요. 하지만 내
부에는 여러 지역의 군벌들이 여전히 서로 맞서고 있
었고, 장개석에게 불만을 품고 있는 세력도 많았어요.

주석
- - - - - - - - - - - - - - - - - -
국가나 정당의 최고 우두머
리를 가리켜.

결국 1929년 이들 군벌이 장개석에 반란을 일으키면
서 내전이 일어났어요. 2년 동안 계속된 이 내전에서
장개석은 장학량의 도움으로 가까스로 승리할 수 있었
어요.

하지만 장개석의 독재를 반대하는 세력은 여전히 남
아 있었지요.

중국 공산당의 대장정

국민당과 공산당 사이가 갈라진 이후, 공산당은 큰 어려움을 겪었어요. 무엇보다 장개석의 국민 정부군이 끊임없이 공산당을 탄압했기 때문이에요. 그나마 다행스럽게도 노동자와 농민, 학생들이 공산당에 적극적으로 협조해 주었지요. 하지만 그것만으로는 부족했어요.

마침내 공산당 세력은 도시를 중심으로 곳곳에서 무장봉기를 일으켰어요. 도시에 노동자들이 많아서 호응이 클 것이고, 그러면 봉기가 성공할 수 있다고 판단했던 거예요. 하지만 아니었어요. 국민 정부군의 반격이 무척이나 거세었지요.

결국 공산당은 새롭게 살아남을 방법을 찾지 않으면 안 되겠다는 생각을 하게 되었어요.

"도시를 버리고 농촌을 중심으로 투쟁해야 합니다."

그렇게 주장한 사람은 모택동이었어요. 모택동은 굳은 결심을 하고 1927년 12월 노동자와 농민 1천 여 명으로 이루어진 군대를 이끌고 강서성(장시성)에 있는 정강산(징강산)으로 들어갔어요. 정강산은 빽빽한 숲으로 뒤덮여 있었어요. 국민 정부군의 공격을 피하기 안성맞춤이었지요. 모택동은 이곳을 근거지로 유격 활동

유격

그때그때 형편에 따라 적을 기습 공격하는 일이야.

공산당을 이끌며 연설하는 모택동

1893년 가난한 농부의 아들로 태어나 학교를 다니며 공부하다 1912년경 교사 양창지를 만나 큰 영향을 받고 공산주의자가 되었다. 이후 공산당 창당 대회에 참여하는 등 중국 공산당을 이끌었다.

을 펴기로 했어요. 그로부터 얼마 후에는 주덕, 임표 등의 공산당 지도자도 정강산으로 모였어요.

이때부터 모택동은 공산당 군대인 중국공농홍군(줄여서 홍군)을 본격적으로 만들어 나갔어요. 그리고 이들에게 반드시 지휘에 따라 행동하고, 인민으로부터 실오라기 하나도 얻지 말고, 지주로부터 거둬들인 것은 반드시 모두의 것으로 한다는 3대 규율을 발표했어요.

모택동은 정강산 주변 지역에 모두 여섯 개의 현으로 구성된 소비에트를 만들 계획을 세웠어요. 그러면서 모택동은 공산당이 점령한 지역에서 농민들에게 토지

인민

국가나 사회에 속한 사람들 중 지배를 받는 사람을 말해.

소비에트

노동자, 농민, 병사의 대표자가 이룬 평의회를 말해. 이 평의회가 관할하는 지역을 가리키기도 해.

를 골고루 나누어 주었어요. 농민들은 공산당에 박수를 보냈지요. 그 덕분에 1930년까지 곳곳에 15개의 소비에트를 세울 수 있었고, 홍군의 병력도 크게 늘어났어요.

모택동과 공산당은 용기를 얻었어요.

"이제 홍군의 숫자도 많아졌으니, 도시의 노동자들과 손을 잡아야 할 때입니다. 대도시를 공격해서 노동자를 우리의 편으로 만듭시다!"

마침내 공산당은 대도시를 공격하기로 결심했어요. 처음에는 뜻대로 되어 가는 듯 했어요. 그런데 이를 계

토지를 나누어 주겠습니다!

기로 국민당 정부가 공산당의 세력이 커지고 있다는 걸 알아챘어요. 그리고 1930년 12월 홍군을 포위 공격했어요. 이때는 홍군이 국민 정부군을 소비에트 지역 깊숙이 끌어들인 후 유격전을 펼쳐서 이길 수 있었어요. 하지만 이후 계속되는 두세 차례의 포위 공격에 홍군은 점차 밀리기 시작했어요.

그럴 수밖에 없었어요. 이때쯤, 장개석의 국민 정부군은 미국의 지원을 받아 성능이 좋은 무기를 가지고 있었거든요. 그 때문에 국민 정부군은 홍군에 비해 비교도 안 될 만큼 강했어요.

그렇지만 그러한 와중에도 소비에트 지역은 계속 늘어났어요. 1931년 11월에는 포위 공격이 멈춘 틈을 타서 공산당이 강서성에 소비에트 정부를 세웠지요. 이를 '강서 소비에트'라고도 해요.

"이 기회에 공산 세력들을 모두 없애 버려야겠소!"

장개석은 본격적으로 공산당을 없애기 위해 나섰어요. 이번에는 소비에트 정부가 세워진 강서를 향해 진격했어요.

장개석의 국민 정부군은 연이어 실패하면서도 수십만 군사를 계속 동원해 모두 다섯 차례나 홍군을 포위해 왔어요.

대장정 때 홍군이 건넌 다리, 노정교
홍군은 국민 정부군과 싸워 가며 험한 산과 강을 건너 목적지에 도착했다.

결국 모택동은 1934년 10월, 강서 소비에트를 포기한 채 10만여 명의 홍군을 이끌고 서쪽으로 탈출했어요. 이를 대장정이라 불러요.

두 발로 가는 이 험난한 길은 무려 약 1만 2천 킬로미터나 되었지요. 중간 중간 국민 정부군이 계속 공격해 와서 수많은 병사를 잃어야 했어요. 목적지인 연안(옌안)에 도착했을 때, 모택동을 따르던 병사들은 고작 8천 명 밖에 남지 않았어요.

1935년 11월 7일, 마침내 모택동은 장정이 끝났다고 선언했어요. 이때까지 홍군은 무려 18개의 산맥을 넘

중국의 공산화를 도운 러시아

러시아가 사회주의 혁명에 성공한 걸 보고 세계 여러 나라에 공산당이 생겼어요. 하지만 이들은 구성도 허술하고 힘이 약했어요. 이를 안 러시아의 레닌은 세계 공산화를 목표로 1919년 3월 '공산주의 인터내셔널(코민테른)'을 만들었어요. 이 단체는 반제국주의를 내세웠기 때문에 당시 일본에 국권을 빼앗긴 조선의 몇몇 독립운동가들도 관심을 가졌어요. 이 기구는 세계 30개국 공산당 대표들이 참가한 가운데 7차 대회까지 열었답니다. 또한 1920년 중국 공산당 창당을 돕기 위해 보이틴스키를 중국에 보내 주기도 했어요. 하지만 공산주의 인터내셔널은 제2차 세계 대전의 여파로 인해 1943년 해체되고 말았어요.

었고, 24개의 강을 건너야 했지요. 또한 11개의 성을 가로질러야 했어요.

중국과 공산당은 국민 정부군의 공격으로 매우 약해지긴 했지만, 중요한 지휘자와 핵심 병력은 그대로 살아남았어요. 그럼으로써 공산당은 새로운 기회를 만나게 되었답니다.

대장정

멀고 먼 길, 혹은 그런 길을 가는 일을 말해.

국민당과 공산당이 맨 처음 힘을 합치게 된 계기는 뭘까?

사회주의의 탄생과 변화

"생산 수단을 개인이 갖지 않고 사회가 공유하는 세상을 만들자."
이러한 생각을 사회주의라고 해요. 오래전부터 해 온 얘기였는데,
19세기에 본격적으로 유럽 사람들의 입에 오르내리기 시작했지요.
당시 유럽은 산업 혁명을 계기로 자본가가 노동자들에게 임금을 주며
일을 시키고 돈을 벌고 있었어요. 자본을 투자해 더 많은 이득을 얻고자 하는
자본주의 사회였던 거예요. 그 속에서 노동력 말고는 가진 게 없던 노동자들,
즉 프롤레타리아는 적은 임금을 받으며, 너무나 힘들게 살았어요.
이러한 문제를 해결하겠다며 사회주의자들이 나타난 거예요.

마르크스

사회주의 경제학자, 마르크스

그중에서 가장 주목받은 사람은 마르크스였어요.
자본주의를 비판하며 자본주의 사회는 언젠가
끝나고 프롤레타리아 혁명을 통해 사회주의를
거쳐 공산주의 사회에 도달할 것이라고
주장했어요. 공산주의 사회에서는
생산 수단을 공유할 뿐만 아니라
재산 또한 공동으로 분배한다는
것이었지요. 이러한 생각은 영국,
프랑스, 독일 등 유럽 여러 나라로
확산되었어요.

사회주의 혁명, 러시아에서 성공하다

실제로 1917년 러시아에서 레닌을 중심으로 한 사회주의
혁명이 성공했어요. 이후 러시아(소련)의 도움을 받으며
중국을 비롯한 세계 각국에서 공산당이 창당되었어요.
중국 외에도 동유럽 여러
나라들과 동독 등이
소련의 세력권 아래에
있었지요.

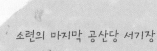

소련의 마지막 공산당 서기장
고르바초프

레닌

사회주의 국가들의 시행착오

공산 국가들에서는 원칙적으로
모든 재산과 생산 수단이 나라
것이 되어야 했어요. 그런데 이는
대부분 중앙 집권적 계획 경제로
실현되면서 경제 성장을 막았지요.
결국 소련은 무너졌고,
중국은 공산주의 체제는 유지하면서도
경제 성장을 위해 자본주의를 일부
받아들였어요.

자본주의 국가들의 변화

반대로 자본주의 국가들도 사회주의를 일부 받아들였어요. 미국 루스벨트 대통령이
주도한 뉴딜 정책이 그런 예랍니다. 원래 자본주의 체제에서는 국가가 경제에 거의
개입하지 않아야 했지만, 경제 불황이 심해지고 실업자가 늘어나자 국가가 나선 것이지요.
이렇게 모두가 평등하게 자유를 누리며 잘사는 세상을 향한 노력은 지금도 계속되고 있어요.

5장 한국 독립운동과 일본 제국주의

1942년경
일본 점령지 ●

중국
한국
일본
미얀마
타이
베트남
필리핀
인도네시아

나는 나카무라야. 너무나 무서운 소식을 들었어. 히로시마와 나가사키에 어마어마한 폭탄이 떨어졌다지 뭐야. 건물도 다 무너지고 사람도 많이 죽었대. 너무 슬퍼. 우리 아버지도 "일본 군부가 벌인 전쟁 때문에 죄 없는 우리 국민만 피해를 보았다."며 슬퍼하셔. 우리 아버지도 무기 만드는 공장에 끌려가 죽도록 일만 하셨거든. 일본이 벌인 이 전쟁은 도대체 누구를 위한 전쟁이었을까?

3·1 운동과 임시 정부의 수립

한일 병합 조약

1910년 8월 29일 일본의 조작으로 맺어진 부당한 조약이야. 대한 제국의 국권을 일본에 넘긴다는 내용이었지.

일제(일본 제국주의)는 한일 병합 조약으로 우리나라의 국권(주권과 통치권)을 빼앗았어요. 그리고 통감부를 총독부로 바꾸고 헌병 경찰을 앞세워 '무단 통치'를 시행했어요.

토지를 조사한다고 하고는 토지를 빼앗기도 하고, 회사도 마음대로 세우지 못하게 했어요. 우리나라 사람이 발행하는 신문도 강제로 폐간시켰지요. 학교에서는 한국어, 한국사 교육을 하지 못하게 했어요. 우리나라 사람들은 점점 더 가난하고 힘들어졌지요.

그러던 1918년, 미국의 윌슨 대통령이 '민족 자결주의'를 발표했어요. 그것은 '각 민족은 자기 민족의 운명을 스스로 결정할 수 있다'는 내용의 선언이었지요. "맞아. 우리도 이 땅에서 일본을 몰아내고 독립 국가를 세워야 해!"

세계 소식에 민감했던 일본 도쿄의 유학생들은 이런

토지 조사령에 따라 우리 땅을 측량하는 모습
일제는 토지 소유자를 신고하라는 토지 조사령을 발표했다. 하지만 그 절차가 복잡했고 잘 알려지지도 않았다. 미처 신고하지 못한 우리나라 사람의 땅을 일본이 가졌다.

생각을 하게 되었어요. 이광수 등을 중심으로 함께 독립 선언서를 만들고, 마침내 1919년 2월 8일에 도쿄의 기독청년회관에 모여 독립 선언서를 발표했어요. 이때 수백 명의 학생들이 참여하여 대한 독립 만세를 외쳤지요. 그리고 밖으로 달려 나갔어요.

통감부

일제가 대한 제국을 관리하고 침략하기 위해 1905년에 서울에 세운 관청이야.

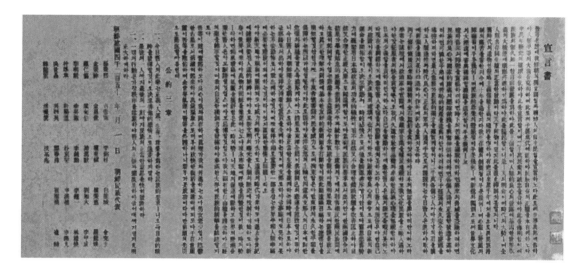

"일본은 한국 땅에서 물러나라!"

학생들은 거리의 청중들에게 호소했어요. 곧바로 일본 경찰들이 뛰어와 주동자들을 체포했어요. 그렇지만 이 사건은 우리나라 독립운동가들에게 큰 자극을 주었지요.

우리나라에서는 손병희, 이승훈, 최린, 한용운을 비롯한 33명의 민족 대표가 비밀리에 모여 독립 선언서를 준비했어요. 그리고 마침내 3월 1일, 인사동의 태화

3·1 독립 선언서 (기미 독립 선언서)

우리나라가 독립국임을 나라 안팎에 알리기 위해 민족 대표 33인이 만들고 1919년 3월 1일 발표한 선언서이다.

관이란 음식점에서 독립 선언서를 낭독했어요. 그리고 비슷한 시간, 탑골 공원에서는 학생 대표를 비롯한 수많은 시민들이 함께 만세를 부르고 행진하기 시작했어요.

"우리 한국은 독립국이다. 다 함께 만세를 부르자!"

탑골 공원에 모인 백성들은 태극기를 흔들며 거리로 나갔어요. 그러자 수많은 사람들이 함께 참여해 목이 터져라 만세를 불렀어요.

"대한 독립 만세! 대한 독립 만세!"

거리는 온통 거대한 함성과 태극기의 물결이었어요. 나라의 독립을 바라는 사람들의 마음은 너무나 간절했지요.

당황한 일본 경찰은 평화적인 만세 운동을 무력으로 짓밟기 시작했어요.

"큰일이다! 빨리 시위대를 해산시켜라!"

일본 경찰은 몽둥이와 총칼을 마구 휘둘렀어요. 그래도 만세 운동의 행렬을 막을 수 없게 되자, 사람들을 향해 총을 쏘기 시작했어요. 총소

3·1 운동이 일어난 탑골 공원
사적 제354호로 우리나라 최초의 공원이다.
1919년 3월 1일에 학생과 시민이 이곳에 모여 만세를 불렀다.

**전국으로 퍼져 나간
3·1 운동**
1919년 3월 1일에 서울
시내에서 시민들이 행진을
하며 독립을 외쳤고,
이 독립 만세 운동은 전국으로
번져 나갔다.

리가 울리고 백성들이 피를 흘리며 쓰러져 갔어요. 많
은 사람들이 죽거나 감옥으로 끌려가고 말았어요.

　그러나 독립 만세의 외침은 결코 멈추지 않았어요.
탑골 공원에서 시작된 3·1 운동은 순식간에 전국으로
퍼져 나갔지요.

　이화학당에 다니다가 3·1 운동에 참가했던 유관순
(116쪽)은 고향 사람들에게도 만세 운동을 널리 알려
야겠다고 생각했어요. 유관순은 급히 자신의 고향 천
안으로 내려갔어요.

　"우리의 독립 의지를 널리 알리면 독립을 되찾을 수
있어요! 그러니 다 함께 모여 만세를 불러요!"

　유관순은 사람들을 하나하나 찾아다니며 만세 운동

이화학당
- - - - - - - - - - - - - - -
1886년 미국 선교사 스크랜
턴이 우리나라에 세운 한국
최초의 사립 여성 교육 기관
이야.

독립운동가 유관순
유관순은 1902년 충남 천안에서 태어나 1916년 이화학당에 들어갔다. 그리고 1919년 3·1 운동에 참가하고 천안에 내려가 만세 운동을 펼쳤다. 일제에 잡혀 모진 고문 끝에 1920년 죽음을 맞았다.

이 중요하다고 말해 주었어요. 그리고 태극기와 독립 선언서를 일본 경찰 몰래 나누어 주었어요.

"장날이 되면 장터에서 만세 운동을 시작할 거예요!"

준비를 모두 마친 유관순은 장날이 다가오자 아우내 장터로 나갔어요. 장터에는 수많은 사람들이 모여 있었어요.

"여러분, 지금 방방곡곡에서 나라를 되찾고자 독립 만세를 외치고 있어요. 우리도 함께 만세를 외치고 일본을 이 땅에서 몰아내야 해요!"

유관순은 숨겨 두었던 태극기를 꺼내 흔들었어요. 그리고 큰 소리로 대한 독립 만세를 외쳤지요. 장터에 모여 있던 사람들도 다 함께 만세를 외쳤어요. 만세 소리에 장터가 떠내려갈 것만 같았어요.

하지만 유관순은 곧 일본 경찰에게 붙잡혀 고문을 받고 열아홉 살의 나이에 숨을 거두고 말았어요.

독립운동가들은 3·1 운동이 일본의 무자비한 탄압으로 끝나 버린 것을 안타깝게 생각했어요.

"3·1 운동은 독립을 간절히 바라는 우리 민족의 강력한 의지를 보여 주었소. 3·1 운동이 실패한 것은 우리 민족을 힘차게 이끌어 갈 정부가 없었기 때문이오!"

3월경 블라디보스토크에 대한 국민 의회가, 4월경 한성과 상해에 임시 정부가 각각 세워졌어요.

1919년 여러 지역에 세워진 임시 정부

- 블라디보스토크
- 대한 국민 의회 (1919년 3월 설립)
- 서울
- 한성 정부 (1919년 4월 설립)
- 상해 임시 정부 (1919년 4월 설립)
- 상해

"이렇게 임시 정부가 여러 곳에 나뉘어 세워지면 안 됩니다. 임시 정부를 하나로 묶읍시다."

"좋소! 아무래도 상해에 임시 정부를 통합해 세우는 게 좋겠소! 상해는 일제의 눈을 피하기 쉬우면서도 외국 공사가 많아 우리의 독립을 외국에 쉽게 알릴 수 있으니 말이오."

드디어 9월경 상해에 통합된 대한민국 임시 정부가 세워졌어요. 나라 이름 대한민국은 '우리 한민족 백성이 주인이 되는 나라'라는 뜻이었어요. 임시 헌법도 만들었어요. 민주 공화제를 정치 체제로 택하고, 삼권 분립을

아우내

충청남도 천안시 병천의 순 우리말 지명이야.

민주 공화제

주권이 국민에게 있고, 국민이 뽑은 대표자가 나라를 이끄는 정치 제도야.

삼권 분립

나라의 권력을 입법(법을 만듦), 사법(법을 적용함), 행정 삼권으로 분리하여 서로 균형을 이루게 하는 걸 말해.

이루었지요.

대한민국 임시 정부는 이승만을 첫 번째 대통령으로 선임하고, 주로 외교 활동을 통해 우리의 독립 의지를 알려 나갔어요. 뿐만 아니라 비밀 조직을 통해 국내의 독립운동 세력을 지원하기도 했지요.

이렇듯 임시 정부는 독립운동의 커다란 등불과도 같았어요. 일제의 방해와 내부 갈등 속에서도 임시 정부의 독립운동은 해방을 맞이할 때까지 결코 멈추지 않았답니다.

상해 대한민국 임시 정부 청사
대한민국 임시 정부는 헌법을 기초로 세워졌다. 민주 공화제와 삼권 분립을 원칙으로 하는 헌법이었다.

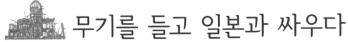 무기를 들고 일본과 싸우다

1910년경 일제의 탄압이 심해지자, 많은 독립운동가들이 해외로 나갔어요. 이들은 주로 만주와 연해주에서 활발하게 독립운동을 펼쳤지요. 무장 독립군을 만들기도 했어요. 그중 홍범도의 대한 독립군은 1920년, 봉오동 전투에서 일본군을 크게 무찌르며 빛나는 승리

를 거두었어요. 이 싸움의 승리로 독립군의 사기는 크게 올랐어요.

일제에게 독립군은 눈엣가시였지요.

"일본군이 독립군에게 패하다니, 이 원수는 반드시 갚아 주겠어!"

봉오동 전투에서 패한 일본군은 바짝 약이 올라 있었어요. 그래서 그들은 김좌진(122쪽)이 이끄는 독립군 부대를 공격하기로 했어요. 그러나 김좌진이 사령관으로 있는 '북로 군정서군'은 최고의 독립군 부대였어요.

"일본군이 세 방향에서 우리를 포위하고 공격할 계획을 세우고 있습니다!"

김좌진은 일본군의 공격을 이미 눈치채고 있었어요.

"일본군의 숫자가 너무 많아 정면으로 싸울 수 없겠소. 우선 청산리로 이동해 일본군을 기습하는 것이 좋겠소!"

김좌진은 일본군을 청산리로 끌어들일 생각이었어요. 울창한 숲이 빽빽하게 우거진 청산리는 몸을 숨기고 일본군을 공격하기에 좋은 장소였거든요.

독립군은 빠르게 청산리 골짜기로 갔어요. 일본군이 군대를 이끌고 뒤쫓아 왔어요. 일본군은

기습

적이 생각지 못하고 있을 때 갑자기 공격하는 일이야.

대한 독립군 총사령관 홍범도

1868년 평양에서 가난한 농부의 아들로 태어났다. 함경북도에서 항일 의병을 일으켰으며 만주로 건너가 항일 운동을 더욱 열심히 펼쳤다. 봉오동 전투를 승리로 이끌었다.

독립군이 청산리 골짜기를 오래전에 지나갔다고 생각하고 아무런 의심도 하지 않고 청산리 골짜기로 허겁지겁 들어섰어요.

"지금이다! 모두 한꺼번에 공격을 퍼부어라. 한 놈도 살려 보내지 마라!"

김좌진의 공격 명령이 떨어지자 사방에서 총탄이 쏟아졌어요.

"아뿔싸! 우리가 독립군의 함정에 걸려들었구나!"

일본군은 독립군에게 포위되었다는 사실을 알아차렸어요.

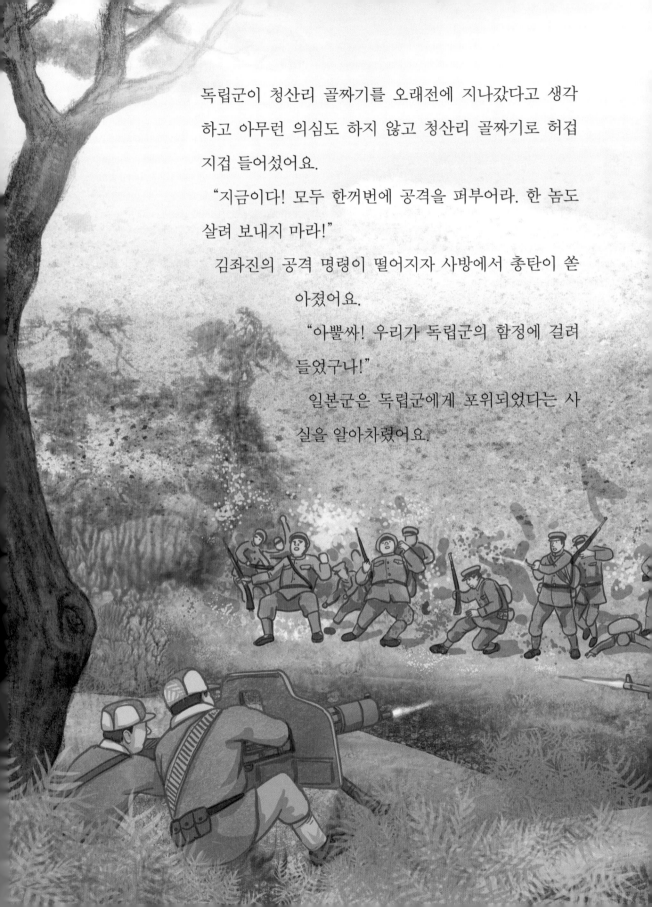

그러나 빗발치는 공격에 일본군은
이미 낙엽처럼 쓰러지고 있었지요.

북로 군정서군 총사령관 김좌진

1889년 태어나 서울 육군 무관 학교를 다녔다. 만주로 망명하여 항일 운동을 펼쳤다. 독립운동 역사상 가장 큰 전투인 청산리 대첩을 승리로 이끌었다.

항일 무장 독립 운동 전투지

"독립군에게 또 당하다니! 어서 후퇴하라!"

일본군은 제대로 반격도 못하고 청산리에서 도망쳐야 했어요. 이처럼 청산리에서 벌어진 첫 번째 싸움은 김좌진의 승리로 끝났어요. 그러나 김좌진은 승리에 만족하고 있을 수가 없었어요. 패배한 일본군이 반격을 해 올 것이 틀림없었거든요.

"같은 장소에 오래 머무는 것은 위험하오. 갑산촌으로 이동합시다!"

김좌진은 독립군을 이끌고 재빨리 움직였어요.

일본군은 독립군을 잡기 위해 날뛰고 있었어요. 그러나 독립군은 청산리 곳곳을 안방처럼 속속들이 알고 있었어요. 그런 독립군을 일본군이 쉽게 따라갈 수는 없었지요.

김좌진은 갑산촌에서 또다시 일본군을 물리치며 승리를 거두었어요. 그리고 만 명이 넘는 일본군이 어랑촌에 머물러 있다는 사실도 알아냈어요.

"어랑촌에 있는 일본군

을 무찌릅시다. 어랑촌 앞에 마록구라는 높은 고지가 있으니 그곳을 우리가 먼저 차지한다면 일본군을 반드시 이길 수 있소!"

고지

지대가 높아 싸우기에 유리한 곳을 말해.

일본군이 한눈을 파는 사이, 김좌진은 마을 앞에 우뚝 솟은 고지를 단숨에 점령했어요. 그리고 올라오는 길목마다 진을 치고 일본군과 싸울 준비를 서둘렀어요. "독립군에게 유리한 고지를 빼앗기다니! 이번에야말로 독립군을 없애리라!"

독립군에게 번번이 패하던 일본군은 이를 갈며 고지를 향해 밀려오기 시작했어요. 일본군의 공격은 무시무시했어요. 일본군은 총을 쏘면서 마치 개미 떼처럼 올라왔지요.

"일본군을 무찔러라! 죽기를 각오하고 싸워라!"

치열한 전투는 여러 날 동안 계속되었어요. 그러나 독립군은 단 한걸음도 물러서지 않고 일본군을 공격했어요. 죽기를 두려워하지 않는 독립군의 공격에 일본군이 먼저 후퇴하기 시작했어요. 결국, 일본군은 수많은 전사자를 내며 청산리 대첩에서 또다시 큰 패배를 맛보아야 했어요.

전사자

전쟁 중에 적과 싸우다가 죽은 사람이야.

이처럼 청산리에서 김좌진과 독립군이 거둔 승리는 두고두고 빛날 통쾌한 승리였어요. 또한 일제에게 고통

받고 있던 우리 민족에게 기쁨과 희망을 준 승리이기도 했답니다.

그런가 하면, 1919년 11월 만주 길림성에서 의열단이라는 항일 비밀 결사 단체가 만들어졌어요. 의열단은 조선 총독부, 동양 척식 주식회사, 경찰서 등 일본의 주요 기관을 폭파하고, 총독 이하 주요 인물들을 없애 독립을 이루는 것이 목표였어요. 1924년 1월 의열단원인 김지섭은 도쿄에 있는 일왕이 거주하는 궁성에 폭탄을 투척하기도 했지요. 하지만 폭탄의 불발로 실패로 끝나게 돼요.

1932년 초에는 이봉창이 궁성으로 돌아가던 일본 왕을 향해 수류탄을 던졌어요. 비록 실패해 이봉창은 그해 10월 사형을 당했지만, 우리 민족의 항일 운동에 힘을 주는 사건이었어요.

이봉창의 의거를 지휘한 것은 한인 애국단이었어요. 1931년 상해에서 김구를 중심으로 만들어진 항일 독립 운동 단체였지요.

한인 애국단의 지휘 아래 거사를 일으킨 사람은 또 있어요. 바로 윤봉길이에요. 윤봉길은 독립운동을 위해 고국을 떠나 상해에 왔지요. 그리고 임시 정부를 이끌던 김구를 찾아갔어요.

거사
반란이나 혁명 같은 큰일을 가리켜.

독립운동가이자 정치가, 김구
국내에서 동학 운동을 하다 중국으로 망명해 상해 임시 정부를 만들고 1944년 주석이 되었다. 한인 애국단을 이끌었으나 광복 이후 암살당하고 말았다.

"조국의 독립을 위해서라면 무엇이든 하고 싶습니다."

김구를 처음 만난 윤봉길은 자신의 각오를 말했어요.

"독립을 위해서라면 죽을 각오가 되어 있어야 하네."

김구의 말에 윤봉길은 힘차게 고개를 끄덕였어요. 김구는 윤봉길이 자신의 목숨을 내던져 나라를 구하고자 한다는 걸 한눈에 알아보았지요.

독립운동가, 윤봉길
일본식 보통학교 교육을 거부하고 퇴학한 후 오치서숙이라는 학교를 다녔다. 이후 농촌 계몽 운동을 펼치다 중국으로 와 한인 애국단에 들어갔다. 홍구 공원 의거 직후 체포되어 총살당하고 말았다.

그렇게 한인 애국단원이 되어 때를 기다리던 윤봉길에게 마침내 기회가 찾아왔어요. 일본 천황의 생일잔치가 홍구(홍커우) 공원에서 열린다는 소식이 들려온 거예요. 중국과 전쟁을 해서 이긴 일본은 더욱 성대하게 축하 행사를 준비하고 있었지요. 일본의 주요 인물들이 참석할 게 분명했어요.

1932년 4월 29일 아침, 윤봉길은 김구와 마주 앉았어요.

"사나이가 한번 뜻을 품으면 죽기 전에는 결코 돌아오지 않는 법입니다."

윤봉길의 얼굴에는 비장한 각오가 서려 있었어요.

"오늘이 조선의 독립 의지를 널리 알리는 날이 될 것일세. 하지만 나보다 젊은 자네를 먼저 보내는 게 가슴 아프네."

김구의 눈가는 축축하게 젖어 있었어요. 김구는 윤봉길이 다시는 돌아올 수 없는 길로 떠나야 한다는 걸 알고 있었어요. 그 길은 조선의 독립을 위해 목숨까지 내놓아야 하는 길이었지요.

"반드시 성공하겠습니다."

윤봉길은 마지막 다짐을 남기고 상해의 홍구 공원으로 향했어요. 윤봉길의 손에는 도시락과 물병으로 위장한 폭탄이 들려 있었어요.

'우리 민족의 독립 의지를 똑똑히 알려 주리라!'

윤봉길은 굳게 다짐하며 공원 입구로 걸어 들어갔어요. 일본 군인들이 삼엄하게 경비를 서고 있었지만 윤봉길은 사람들 속에 섞여 무사히 통과할 수 있었어요. 공원 안은 수많은 사람들로 북적거렸어요.

윤봉길은 행사가 벌어지는 단상으로 가까이 다가갔어요. 드디어 행사의 시작을 알리는 소리가 들려왔어요.

이때를 기다리고 있던 윤봉길은 단

 삼엄
무섭도록 엄격하고 철저하다는 뜻이야.

상을 향해 폭탄을 던졌어요. 휙, 날아간 폭탄이 잠시
후, 콰쾅! 하고 요란한 소리를 내며 폭발했어요. 그와
동시에 단상에 있던 일본군 사령관을 비롯한 관리들이
쓰러졌어요. 행사장은 삽시간에 아수라장이 되어 버렸
지요.

　윤봉길은 일본 군인들에게 붙잡혀 감옥으로 끌려가
고 말았어요. 그리고 재판에서 사형을 선고받고 숨을
거두어야 했어요. 그때, 윤봉길의 나이는 스물다섯이었
답니다.

윤봉길의 거사는 전 세계를 깜짝 놀라게 만들었어요. 특히 일본의 침략으로 고통을 받고 있던 중국은 더욱 놀랐지요.

"4억 중국인도 해내지 못한 일을 한국의 한 젊은이가 해냈구나!"

중국인들은 윤봉길의 거사에 박수를 치며 크게 칭찬했어요. 윤봉길의 거사는 독립을 향한 한국의 의지가 시퍼렇게 살아 있음을 똑똑히 보여 준 사건이었답니다.

일본, 중국을 침략하다

제1차 세계 대전이 발발하고 얼마 지나지 않아 일본의 경제는 뜻밖에도 매우 좋아졌어요. 유럽의 힘센 나라들이 전쟁하느라 아시아의 시장을 돌볼 틈이 없었기 때문이에요. 아시아의 물건을 구하기 위해 유럽과 교역하던 세계 여러 나라들이 유럽 대신 일본의 상품을 수입하기 시작했지요. 그 덕분에 일본 산업은 아주 빠르게 발달했고, 대자본가가 생겨나는 계기가 되었어요. 특히 미쓰이와 미쓰비시는 재벌이 되어 일본 산업계의 밑바탕이 될 만큼 성장했지요.

 대자본가
많은 돈(자본)을 가지고 사업을 하여 돈을 버는 사람이야.

 재벌
여러 기업을 거느린 대기업을 가리켜.

하지만 1920년대 전반이 되자 일본의 상황은 달라졌어요. 세계적으로 사회주의가 널리 퍼져 나가면서 중국과 한국에서는 민족 해방 운동이, 일본 내에서는 노동자들의 노동 운동이 일어났어요. 더욱이 제1차 세계 대전이 끝나면서 수출이 급격하게 줄어들어 일본 군부는 이를 해결할 방법을 고민했어요.

간토(관동) 대지진
1923년 일본 간토, 시즈오카 등 지방에서 일어난 지진이다. 이 지진으로 10만여 명이 죽고 수많은 집들이 무너졌다.

그러던 1923년에 간토 지방을 중심으로 대지진이 일어났어요. 사망자만 10만 명이 넘었고, 수많은 공장과 집들이 파괴되었어요. 이때 흉흉한 소문이 떠돌았어요. "조선인과 일본인 사회주의자들이 지진을 핑계 삼아 폭동을 일으키고 불을 지르고 다닌다."

이 소문에 일본인들은 자경단을 만들어 한국인과 일본인 사회주의자들을 가리지 않고 학살했어요. 하지만 이 소문은 일본 군부가 만들어 낸 것이었어요. 한국인과 일본인 사회주의자들을 탄압할 구실을 만들기 위해서였지요.

결정적으로 1929년 세계 대공황의 파도가 몰아치

군부

군대를 이끄는 우두머리들을 가리키는 말이야.

자경단

지역 주민들이 스스로를 지키기 위해 만든 단체야.

여순(뤼순)에 있던 관동군 사령부 건물
지금은 관동군 고적 박물관으로 쓰이고 있다. 관동군은 일본이 중국을 침략하는 데 앞장선 일본 육군 부대이다.

자, 일본의 경제는 말이 아닐 지경으로 몰락하기 시작했어요. 도시에서는 많은 노동자들이 일자리를 잃게 되었고, 농촌에서는 굶어 죽는 농민들이 늘어났어요. 하지만 일본 정부는 별다른 해결책을 내놓지 못했어요. 그렇지 않아도 정부에 불만이었던 군부가 목소리를 내기 시작했어요.

"이 기회에 만주를 우리 식민지로 만들어 물자 공급처로 삼아야 합니다. 그러면 우리 경제에 닥친 어려움을 단번에 해결할 수 있을 것입니다. 중국으로 진출하기도 더 쉬워질 겁니다."

일본은 관동군을 이용하기로 했어요. 관동군은 중국에 있는 일본인들을 보호한다면서 중국에 머물고 있던 일본군이었지요.

마침내 1931년 9월 18일, 관동군은 만주 봉천에 있는 남만주 철도를 몰래 폭파시켰어요. 그러고는 중국군이 한 일이라고 몰아붙였지요.

"중국군의 한 부대가 철도를 폭파시키고 우리 수비대를 습격했다. 관동군은 우리 일본을 보호하기 위하여 단호한 조치를 취할 것이다. 이 일은 중국이 자초한 일

👤 **남만주 철도**

러시아가 만든 철도였으나 1906년부터 40년 동안 일본이 이용했어.

이다."

이렇게 선언한 일본은 즉시 군사를 움직여 봉천 지역을 점령했어요. 만주 사변을 일으킨 것이지요. 이에 중국 정부는 재빨리 국제 연맹에 이 문제를 호소했지만, 그다지 큰 호응을 얻지 못했어요. 국제 연맹은 일본에 군대를 빨리 철수하라고 권하기만 했어요.

그러자 일본은 중국 내의 거센 반발에도 불구하고 중국 동북부 만주 지역의 도시들을 하나씩 손에 넣기 시작했어요. 일본은 천진(톈진)에 머무르고 있던 청나라의 마지막 황제 부의(푸이)를 탈출시켜 만주로 데리고 왔어요. 마침내 1932년 3월, 괴뢰국인 만주국을 세우더니 부의에게 황제의 자리에 오르도록 권유했지요.

부의는 반가워했어요. 언젠가는 다시 황제에 오르리라는 꿈을 꾸고 있었거든요. 하지만 일본에게는 속셈이 있었어요. 부의를 꼭두각시 삼아 만주 지방을 마음껏 주무르고 중국의 손길이 뻗치지 못하게 하려는 것이었지요.

처음에 장개석은 일본보다 공산당을 토벌하는 것을 더 중요하게 여겼어요. 그래서

👧 **괴뢰국**

다른 나라의 조종을 받는 꼭두각시 국가라는 뜻이야.

만주국의 황제가 된 부의
일본은 중국 사람들의 반감을 줄이기 위해 청나라의 마지막 황제였던 부의를 만주국의 황제로 앉혔다. 그리고 부의를 내세워 모든 일을 자신들의 뜻대로 하였다.

일본의 침략에 적극적으로 대항하지 않았어요. 일본의 침략이 피부병이라면, 공산당은 배 속에 생긴 병이라고 생각했지요. 그러나 일본의 침략이 점점 심해지자, 마침내 장개석은 일본이 중국을 부당하게 침략했다고 국제 연맹에 알렸어요. 국제 연맹에서는 조사단을 만주 지역에 보냈지요. 그래도 관동군은 연이어 상해를 공격했어요. 뿐만 아니라 국제 연맹이 일본군에게 상해와 만주에서 철수할 것을 요구하자, 일본은 1933년 3월, 국제 연맹을 아예 탈퇴해 버렸어요.

일본의 침략은 계속되었어요. 1936년부터는 더욱 더 노골적으로 침략의 욕심을 나타냈어요. 2·26 사건으로 일본의 군부가 정부의 실권을 차지했거든요. 일본은 무기를 마련해 놓고 전쟁을 준비했어요.

한편, 중국에서도 일본에 대항하는 대중 운동이 크게 일어났어요. 국민당과 공산당이 힘을 합쳐 일본에 맞서 싸워야 한다는 것이었지요. 장개석과 국민당은 이를 오랫동안 거절해 왔지만, 대중의 요구를 받아들여 회담을

2·26 사건

1936년 2월 몇몇 일본 장교들이 일으킨 쿠데타를 군부가 진압한 사건이야.

중일 전쟁의 시작점, 노구교

12세기에 처음 만들어졌으며 마르코 폴로가 보고 가장 아름다운 다리라고 극찬했다. 중일 전쟁의 계기가 되는 사건이 여기서 일어났다.

**중일 전쟁 중 상해의
일본 해군 해병대**
일본은 중국 북경과 천진을
손쉽게 점령하고 상해에
상륙하여 공격을 펼쳤다.
하지만 격렬한 저항 때문에
힘겹게 싸우다가 11월에
상해를 점령한다.

시작했어요.

  회담이 진행 중이던 1937년 7월 7일 밤, 북경 변두리의 노구교에서 일본군이 훈련을 하고 있었어요. 그때 한 발의 총성이 울렸어요. 일본군은 무작정 중국군이 일본군을 공격했다고 주장하며 곧바로 보복 공격을 했지요. 중국에 책임자를 처벌하라며 억지를 부렸어요. 장개석의 국민당 정부는 이를 거부했어요.

  결국 일본은 기다렸다는 듯이 거센 공격에 나섰어요. 중일 전쟁이 시작된 것이에요. 국민당과 공산당은 급히 제2차 국공 합작을 맺고 일본에 맞서 싸웠어요. 그러나 일본군은 11월 말 상해를 점령하고, 12월에는 수도인 남경까지 점령했어요. 결국 남경에 있던 장개석의 국민당 정부는 수도를 옮기지 않을 수 없었어요.

남경 대학살 추모관에 표시된 희생자 수
일본은 1937년 중일 전쟁 때 남경을 점령하고 약 30만여 명을 학살하였다.

그런데 바로 이때, 일본군은 남경에 남아 있던 중국인 30만 명을 잔혹하게 학살했어요. 싸울 의지를 꺾어 놓겠다며 군인뿐만 아니라 아무 죄도 없는 민간인까지 마구잡이로 죽인 거예요.

이 사건을 남경 대학살(난징 대학살)이라 불러요.

이듬해 일본군은 중국 남부 도시들을 차례로 함락시켰어요.

하지만 이후 일본군은 주춤거렸어요. 일본은 단숨에 중국을 송두리째 집어삼킬 수 있다고 자신했지만, 중국인들이 끈질기게 저항하면서 장기전으로 들어설 수밖에 없었지요. 일본군은 중국의 주요 도시와 도로를 점령하고 있었지만 나머지 넓은 농촌 지역은 공산당의 유격대가 차지하고 있었거든요. 사실상 일본군은 고립된 상태에 처하고 말았어요.

일본, 미국과 싸우다

중일 전쟁이 길어지면서 일본은 미국, 영국과 갈등을 빚기 시작했어요. 중국 대륙 깊숙이 침략할수록 이 지역의 이권을 차지하고 있는 미국이나 영국 같은 나라와 맞서야 했으니까요. 아니나 다를까 미국과 영국은 중국을 돕기 시작했어요. 미국은 일본의 중국 침략을 비난하며 미일 통상 조약을 파기하고 일본에게 제공하던 천연자원을 끊겠다고 선언했어요.

그러자 일본은 자원과 노동력이 풍부한 동남아시아로 갈 계획을 세웠어요. 그럴 경우에는 이 지역에 식민지를 가지고 있는 프랑스, 네덜란드와 충돌할 수밖에 없었지만 다른 방법이 없었어요.

일본은 마침 제2차 세계 대전이 일어나자 독일, 이탈리아와 삼국 동맹을 맺었어요. 이에 미국은 일본에 대한 석유 수출을 끊고 경제 봉쇄를 강화했어요. 일본은 더욱 큰 어려움을 겪게 되었어요.

이권

이익을 얻을 수 있는 권리를 말해.

미일 통상 조약

1911년 미국과 일본이 무역을 하는 데 대해 맺은 조약이야.

이 어려움을 벗어나기 위해 일본은 동남아시아를 더 강하게 공격했어요.

그리고 미국에 마지막 요구를 했어요.

"미국과 영국은 일본의 물자 획득에 협력하고 중국과 우리의 전쟁에 끼어들지 마시오."

일본은 1941년 9월에 열린 어전 회의에서 미국이 이를 받아들이지 않는다면 미국, 영국과 전쟁을 하기로 결정했어요.

하지만 미국의 입장은 단호했어요.

👦 어전 회의

일본에서 천황과 관리, 장군들이 모여 전쟁의 시작과 끝을 결정한 회의야.

"일본은 무조건 1931년 이전처럼 중국과 인도차이나 반도에서 물러나야 하오. 또한 삼국 동맹을 파기하시오. 이를 받아들이지 않을 경우, 그 어떤 협상에도 나서지 않겠소."

일본은 이제 미국과 대화로는 해결이 안 되겠다고 생각하며 극단적인 선택을 했지요.

"어쩔 수 없다. 일본을 지키기 위해서라면 미국, 영국과의 전쟁을 피하지 않겠다!"

마침내 1941년 12월 8일 새벽, 일본은 미국 하와이에 있는 진주만과 영국령 말레이 반도를 기습 공격했어요. 아시아-태평양 전쟁이 시작된 것이에요.

일본은 아시아-태평양 전쟁을 '대동아 전쟁'이라고 부르며 전쟁의 구실로 '대동아 공영권'을 주장했어요.

"아시아의 각 국가와 민족이 독립하기 위해 일본을 중심으로 협력하여 함께 번영해야 합니다."

일본을 중심으로 새 질서를 만들어야 한다는 것이었어요.

일본의 첫 공격은 매우 성공적이었어요. 이때 일본은 수많은 미국의 함정과 항공기를 파

인도차이나 반도

동남아시아에 있는 반도로 베트남, 라오스, 캄보디아 등의 나라가 있어.

만주족, 일본인, 한족의 화합을 강조한 포스터
일본은 전쟁을 하는 동안 주변 나라들의 반발을 줄이고 도움을 얻기 위해서 '대동아 공영권'이라는 표어를 내세웠다.

일본의 공격을 받은 진주만의 미국 함대
일본의 진주만 공습으로 미국 전함 약 8척, 비행기 200여 대가 부서졌고 선원 2천여 명이 목숨을 잃었다고 한다.

괴했으니까요. 일본군의 피해는 매우 적었지요. 이후 일본은 매우 빠른 속도로 동남아시아를 비롯한 태평양 지역의 수많은 섬들을 손에 넣기 시작했어요. 서쪽으로는 미얀마와 인도 동쪽, 남쪽으로는 인도네시아와 호주 북쪽 섬들, 동쪽으로는 태평양의 길버트 제도, 북쪽으로는 알류산 열도가 일본군에 점령당했어요.

일본이 진주만을 공습한 사건을 계기로 미국은 공식적으로 제2차 세계 대전에 뛰어들었어요. 그리하여 1942년 6월에는 미드웨이(하와이 북서쪽 앞바다에 있는 섬) 해전에서 일본의 대형 항공모함 4척을 파괴했어요. 이때 일본은 사실상 전쟁에 필요한 항공모함을 전부 잃었지요. 그뿐 아니었어요. 우수한 항공기 조종사

 항공모함
비행기를 싣고 다니며 뜨고 내리게 할 수 있는 배야.

도 대부분 잃고 말았어요.

이때부터 일본은 전쟁에서 밀리기 시작했어요. 태평양에서의 주도권이 미국으로 넘어간 거예요. 미국은 일본이 점령하고 있던 태평양의 섬과 동남아시아 땅을 조금씩 되찾기 시작했어요.

그리고 1944년 말부터, 미국은 일본 본토를 본격적으로 공격하기 시작했어요. 미국은 사이판섬 비행기 기지를 근거지로 하여 밤낮을 가리지 않고, 일본 본토를 무차별 공격했어요. 1945년 3월의 도쿄 대공습 때는 도쿄와 그 주변 지역이 쑥대밭이 되었어요.

그러던 1945년 5월, 유럽 전선에서 독일이 항복했어요. 이제 유럽에서의 전쟁은 끝났고, 남은 것은 일본뿐이었어요.

그해 7월, 미국의 트루먼, 영국의 처칠(뒤에 애틀리로 바뀜), 소련의 스탈린은 포츠담에서 회의를 열고 일본에게 '무조건 항복'하라고 권고했어요.

하지만 일본은 이를 거부했어요. 결국 미국은 최후의 결

😊 **사이판섬**

서태평양에 있는 섬으로, 일본의 남쪽에 있어.

😊 **애틀리**

1945년 7월에 처칠을 이어 영국 수상이 되었지.

일본 사람들이 겪은 전쟁 중의 고난

국가 총동원법에 따라 일본의 노동자들 대부분이 군수 공장으로 징용되었고, 남녀 모두 중학생 이상만 되어도 공장이나 토목 공사에 동원되었다. 한국에서도 남녀를 가리지 않고 끌려갔다.

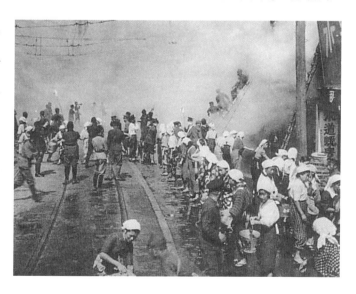

히로시마 평화 기념관
1945년 8월 6일 히로시마에
원자 폭탄이 떨어졌을 때
남은 유일한 건물 흔적이다.
그때 모습 그대로 유지되어
전쟁의 참상을 보여 주고 있다.

단을 내리지 않을 수 없었어요.

1945년 8월 6일, 미국은 일본의 히로시마에 원자 폭탄을 터트렸어요. 이 폭탄 하나에 일순간 수많은 일본 시민이 죽음을 맞이했어요.

하지만 이게 끝이 아니었어요. 이틀 후 소련이 일본에 선전 포고를 하더니, 만주의 일본군을 공격하기 시작했어요. 그럼에도 불구하고 일본 군부는 여전히 고집을 부렸어요.

히로시마 원폭 희생자가 된 조선의 왕자

히로시마와 나가사키에 떨어진 원자 폭탄(원폭) 때문에 1945년 말까지 수십만 명이 목숨을 잃고 후유증을 앓았다고 해요. 그런데, 그때 목숨을 잃은 희생자들 중에는 우리나라 사람도 수만 명이나 된다고 해요. 고종의 손자 이우도 그중 한 명이에요.

일제 강점기에 이우는 일본의 강요로 일본에서 육군 사관 학교를 나왔고, 만주에서 일본군으로 싸울 수밖에 없었어요. 하지만 몰래 독립군을 도왔어요. 이를 눈치챈 일본이 이우를 히로시마로 발령 냈지요.

그런데 이우가 히로시마로 첫 출근하는 8월 6일 아침, 히로시마에 원폭이 떨어진 거예요. 이우는 그만 목숨을 잃고 말았지요.

오늘날 핵무기(원폭처럼 핵반응으로 생기는 힘을 이용한 무기)는 히로시마나 나가사키의 원폭보다 그 위력이 훨씬 크다고 해요. 실제로 사용되는 일이 절대 없어야 한답니다.

"우리 일본군은 최후까지 싸운다!"

그러나 다음 날인 9일, 또 한 발의 원자 폭탄이 일본 나가사키에 떨어졌어요. 일본은 더 이상 전쟁을 지속할 수 없다는 것을 깨달았어요.

마침내 1945년 8월 15일, 일본은 무조건 항복을 선언했어요. 그럼으로써 제2차 세계 대전은 완전히 막을 내렸지요. 이때 우리나라도 일본의 식민 지배에서 벗어났답니다.

전쟁이 일어나면
안 되는 이유를
생각해 보렴.

인류 최악의 과학 기술,
원자 폭탄

인류는 20세기에 두 번의 세계 대전을 거치며 수많은 무기를 만들어 냈어요.
그중에서도 최악의 무기로 꼽히는 게 있어요. 바로 원자 폭탄 같은 핵무기예요.
처음 개발된 이후 서로 경쟁하듯 핵무기를 만들다 보니
세계 여러 나라에 엄청난 수의 핵무기가 만들어졌지요.
핵무기 보유를 자제하자는 약속을 나라끼리 맺었지만
이미 만들어진 핵무기만으로도 지구에는 충분히 위협이 된답니다.
이렇게 무시무시한 원자 폭탄, 도대체 왜 만들어졌을까요?

아! 내가 발견한 원리가
이렇게 쓰이다니
너무 안타까워.

1939년 독일의 과학자들이 핵분열 연구를 하고 있다는 소문이 돌았어요. 유대인 과학자 실라르드는 핵분열을 이용한 원자 폭탄 같은 무기가 히틀러의 손에 들어가면 엄청난 재앙이 일어날지 모른다고 생각했

독일 핵분열 프로그램 실험로

어요. 그래서 동료 과학자 위그너, 그리고 아인슈타인과 의논했지요. 그리고 곧 미국의 루스벨트 대통령에게 원자 폭탄 개발에 대한 편지를 썼어요.

아인슈타인의 상대성 이론은 우주의 원리를 잘 설명해 주는 이론이에요.
이를 토대로 원자핵이 갈라질 때 엄청난 에너지가 나온다는 사실이 밝혀졌지요.

아인슈타인

꼬마(리틀보이)

뚱보(팻맨)

이에 루스벨트 대통령은 독일보다 빨리 원자 폭탄을 개발하기 위해 우라늄 위원회를 만들었어요. 이를 '맨해튼 계획'이라고 불렀지요. 맨해튼 계획에는 대학교의 교수는 물론이고, 여러 연구소와 군대에서 수만 명이 참여했어요. 경비도 엄청나게 들었지요. 1944년 여름, 마침내 원자 폭탄이 만들어졌어요.

미국은 일본이 무조건적인 항복을 거부하자 1945년 8월 6일 에는 '꼬마(리틀보이)'라는 이름의 원자 폭탄을, 1945년 8월 9 일에는 '뚱보(팻맨)'라는 이름의 원자 폭탄을 각각 히로시마 와 나가사키에 떨어뜨렸어요. 이 원자 폭탄으로 히로시마와 나가사키에서 수많은 사람들이 죽고 말았어요. 이는 일본의 항복을 이끌어 낸 계기가 되었어요. 하지만, 이 모습을 본 세 계 사람들은 원자 폭탄이 적만 물리치는 게 아니라 인류 모 두를 위협할 수 있는 무기란 걸 알게 되었지요.

일본의 원자 폭탄 피해자

찾아 보기

사진 자료 사용에 도움을 주신 곳

세계 속의 지도자

유럽, 미국, 터키

영국

└ 처칠 수상(1940년~1945년, 1951년~1955년)

└ 애틀리 수상(1945년~1951년)

프랑스

└ 드골 대통령(1959년~1969년)

독일

└ 빌헬름 2세 황제(1888년~1918년)

└ 에베르트 대통령(1919년~1925년)

└ 힌덴부르크 대통령(1925년~1934년)

└ 히틀러 총통(1934년~1945년)

이탈리아

└ 에마누엘레 3세 국왕(1900년~1946년)

└ 무솔리니 총리(1922년~1943년)

미국

├ 윌슨 대통령(1913년~1921년)

├ 루스벨트 대통령(1933년~1945년)

└ 아이젠하워 대통령(1952년~1961년)

터키

└ 케말 파샤 대통령(1923년~1938년)

소련

├ 레닌 소련 공산당 서기장(1917년~1922년)

└ 스탈린 소련 공산당 서기장(1922년~1953년)

＊세계의 지도자 이름은 도서 내용에 포함된 것만 표기했습니다.

＊이름 옆 괄호 안 연도는 그 자리에 있던 기간입니다.

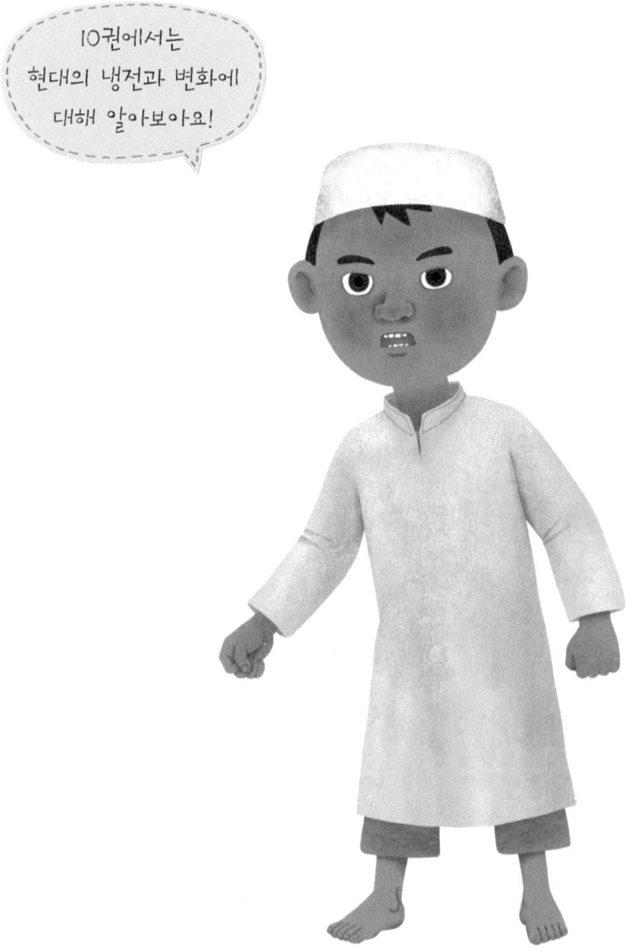
10권에서는
현대의 냉전과 변화에
대해 알아보아요!

연표로 보는 세계사의 흐름